DEUTSCHE GESCHICHTE

德国大历史

Andreas Fahrmeir

〔德〕
安德烈亚斯·法迈尔
著

饶前程 译

中国友谊出版公司

图书在版编目（CIP）数据

德国大历史 / （德）安德烈亚斯·法迈尔著；饶前
程译. -- 北京：中国友谊出版公司，2021.8（2022.3 重印）
ISBN 978-7-5057-5205-4

Ⅰ. ①德… Ⅱ. ①安… ②饶… Ⅲ. ①德国－历史
Ⅳ. ① K516

中国版本图书馆 CIP 数据核字 (2021) 第 067940 号

著作权合同登记号　图字：01-2021-2566

Deutsche Geschichte
Copyright © Andreas Fahrmeir 2017
First published in Germany in 2017 by Verlag C.H.Beck oHG,
Wilhelmstr.9, D-80801 Munich Germany

书名	德国大历史
作者	[德] 安德烈亚斯·法迈尔
译者	饶前程
出版	中国友谊出版公司
发行	中国友谊出版公司
经销	新华书店
印刷	河北鹏润印刷有限公司
规格	880×1230 毫米　32 开
	5.5 印张　100 千字
版次	2021 年 8 月第 1 版
印次	2022 年 3 月第 2 次印刷
书号	ISBN 978-7-5057-5205-4
定价	42.00 元
地址	北京市朝阳区西坝河南里 17 号楼
邮编	100028
电话	(010) 64678009

前　言

　　本书以简明而又多层次的方式带您穿越德国历史，从大约2万年前的气候变化以及随之开始的人类重返中欧直至当今时代。它解释了旧帝国的诞生，跨越宗教改革和宗教战争，描述了三十年战争之后的政治和宗教秩序，穿过大革命时代、德意志联邦、第二帝国，直至20世纪的重大事件轮番上演，德国先后经历魏玛共和国、"第三帝国"、两德分裂，并最终重新统一。

　　尽管形式紧凑，作者安德烈亚斯·法迈尔（Andreas Fahrmeir）总能成功地将"长时段历史"与"事件历史"相结合，以使读者熟悉德国历史的种种基本问题。

　　安德烈亚斯·法迈尔是德国法兰克福大学（全称约翰·沃尔夫冈·歌德美因河畔法兰克福大学）现代史学教授，曾出版作品《革命与改革，1789—1850年的欧洲》，从属于 C.H. 贝克出版社"欧洲史"丛书。

目 录

C O N T E N T S

［ 一 ］

旧帝国的诞生

一切始于一场气候变化。

　　大约 2 万年前，地球的最后一个冰河期进入尾声，人类开始重返中欧越来越多的地区。最初，他们主要以狩猎和野生植物为生，大约 7000 年前农业生产开始出现。过了大约 1000 年，除石器和陶瓷工具之外还出现了金属物品，其中一个证据就是 1991 年从阿尔卑斯山的冰川中发现的"奥兹冰人"身上的铜斧——他死于大约 5250 年前。又过了大约 1000 年后，由更坚硬的铜锡合金制成的青铜武器和工具大行其道。大约公元前800 年（即距今 2800 年）前，中欧地区出现铁制武器和工具。

　　这些史前史和古代史的重大事件对于这片地区南部及东南部的勃发意义重大，历经沧海桑田，这里便成为如今的德国。农业、畜牧业、陶瓷和金属制造，最早都出现于地中海和黑海地区，之后时快时慢地向北、向西传播，并适应了当地条件。这些条件包括，由于气候和技术原因造成的农产品剩余量较少。为确保个人生存必须有相对较大面积的土地，因为首次焚烧开垦后产量会迅速下降。人口较少的小村庄尚可养活自己，对较大的城市而言却缺乏经济基础——这一点与美索不达米亚、埃及、北非、希腊以及意大利不同。

这些条件造成欧洲北部与地中海世界之间的文化鸿沟，其中一个重要原因就是缺乏文字记载。因为文字记载的前提是具有复杂的行政管理和长期义务的城市文明，这种文明必须以另一种方式被记录，而不是仅存在于人的记忆里。由于没有文字记载，有关罗马帝国扩张之前的中欧历史的信息都是基于对考古发现的解读，这些发现记录了他们向"金属时代"的过渡。矿藏都集中在特定区域，例如东南欧和伊比利亚半岛上的贵金属，近东和蒂罗尔的铜以及不列颠群岛西南的锡。虽然只有一小部分人能够接触到金属物品，但要使用它们作为武器、工具、珠宝、钱币或金条，前提是这些相隔遥远的区域间维持稳定的关系。因此不仅对原材料的控制意义重大，对沿河或跨越山间关隘的关键贸易路线的控制同样重要，在那里可以雁过拔毛般征税或掠夺商旅。哪里有金属开采、加工或交易，哪里就可能出现更大的定居点，因为人们用金属不仅可以交换其他价值连城的商品，比如琥珀，还可以交换食物。铁器时代的定居点可能规模相当可观，尽管其城堡的确切功能和人口数量只有部分被证实，且尚存争议。社会等级分化加强，可以从墓葬的差异体现出来，一些豪华墓葬的主人拥有大量随葬品。

考古学的进展证实，阿尔卑斯山以北，以（后来的）法国东部直至（后来的）波希米亚为核心的一带区域，在铁器时代的物质文化方面具有大面积的相似性。以罗马为中心的阿尔卑斯山以南的强权大国对该时期的历史记载相对完整，相反，关于这些"凯尔特"或"德意志"文化的历史事件和政治秩序事实上却一无所获。公元前 58 年，尤利乌斯·恺撒（公元前 100—前 44 年）发动"高卢战争"，罗马帝国开始向该地区扩张，并在公元前 55 年抵达莱茵河，此时在这些阿尔卑斯山以南的人们看来，这片区域只有一些相对静止的"部落"占据着各自的领地。但由于他们各自主张的范围不确定，且部落有时会迁往新的定居地点，因此冲突频发，善战的特征尤为明显。

罗马帝国则恰恰相反，他们谋求建立以城市为中心的稳定统治。这种统治包括军事防卫、市场、行政和司法驻地，并由此凭借其大规模石砌城墙和城门（例如特里尔的"黑门"）、集会大厅、庙宇、剧院、广场、温泉、供水系统和集中供暖的房屋，还用石头铺设的街道网络将以上设施相互连接，令当地的"野蛮人"大开眼界。这些罗马城市有的是有计划地新建起来的，例如公元前后建立的奥古斯塔·特里沃鲁姆（今特里尔），有的则是在原有定居点的基础上发展而来，例如克劳蒂亚·阿格里皮娜殖民地（今科隆），其建筑和技术都得到更新。

公元 9 年，条顿堡森林战役失败后，罗马帝国向东北的扩张陷入停顿，最终通过堡垒和驻军以城墙确定了边界。城墙的目的不是禁止贸易、文化交流和移民，而主要是确保一个安全的关税边界。如此一来，莱茵河、多瑙河、美因河的一部分、阿尔卑斯山的金属矿和盐矿，以及通往意大利的阿尔卑斯山口，已经全部处于罗马帝国一侧。其东部和北部人烟稀少的地区可通过贸易进入，但人们对那里并无多少兴趣。

阿尔卑斯山以北部分地区的罗马化，制造或加剧了经济和文化的差距。公元 3 世纪和 4 世纪的特里尔，作为皇帝驻地，已经成为庞大帝国治下拥有数万居民的大都市，而莱茵河对岸的日耳曼人依然没有城市、成文的管理、系统的法律、石铺的街巷，以及标准化的铸币业。他们生活在零零落落的村庄或者稍大些的定居点。而他们又各有领主，领主之间的斗争如同他们和罗马帝国的斗争一样激烈。他们对罗马领地的武装袭击断断续续，直至古典时代晚期，而此时抵抗他们的，已是那些新的罗马帝国领地的居民，以及帝国外的国家迁居而来的移民，这类人成了罗马军官和军团士兵。当公元 4 世纪，基督教成为罗马帝国的国教时，罗马统治地区与周边地区之间的文化分歧进一步加剧。这个一神论的信仰与帝国城墙以外那些传统的古典众神以及多神论思想水火不容。由于基督教世界内部的教义纷争，帝国当局也迅速介入了有关神学问题的定夺，这加剧了宗教势力与统治集团之间的纠葛。随着基督教主教遍布所有主要罗马城市，在帝国的行政和军事存在之外，建立起了一整套道德和宗教机构，它们已初具潜力，日后成为一股政治参与力量。

公元 5 世纪，帝国内的统治关系发生了根本转变，主教们的政治角色得以增强。长期以来，人们用"民族大迁徙"来解释罗马政权在西欧的瓦解："日耳曼部落"整体向西、向南迁移，征服或驱逐了那里的本土居民。这一观点是基于这样的假设，即考古发现和地名所记录的物质文化及语言的变化，可以主要通过人口迁移来解释。人们可以将这些变化与关于"法兰克人""阿勒曼尼人""萨克森人""巴伐利亚人"等各个群体的迁移报告进行比较，以绘制出他们最初的和后来的定居区域，以及其间的迁徙路线等图像。

然而在那个自然经济社会，有限的基础设施很大程度上排除了短期内大规模长距离迁徙的可能性。关于"部落"早期的历史只是回溯性猜想，如今已不再被视为事实性报道，而仅作为所谓"民族起源说"的要素，就像现代的"民族建构"一样，迎合当前的政治认同需求。这样的历史叙述和埃涅阿斯逃离特洛伊建立罗马城的神话传说颇有异曲同工之妙，它们的真实性也相差无多。目前对于古典时代晚期所体现出的转变，最令人信服的解释是一系列事件的结合，包括小型武装团体的崛起、居民忠诚度的改变、文化偏好的改变、罗马统治权威的丧失，以及罗马帝国的过度扩张。为了集中精力攻打拜占庭控制的地区，帝国大面积放弃其历史传统疆域。

对于中欧来说，这导致了后罗马地区[1]和帝国外的落后区域生活条件趋于一致。城市人口急剧减少，因为供水等基础设施崩溃，粮食供应无法继续维系。建筑荒废，破败不堪，或被用作新建教堂和官邸的就地取材之所。

拥有广泛追随者的所谓"大家族"的首领们，因其曾在罗马统治下担任过职务，能够顺理成章地作为"国王"（reges）而要求更大范围的统治权。在后罗马地区的一些城市，主教们承担起了地方和区域性的行政职责。而在其他城市，尚不清楚教会机构是否曾一度解散，因为基督教的各种变体在那里长期竞争，直至公元 9 世纪，以罗马为中心的天主教派大行其道，并进一步向东、向北传播。

公元 5 世纪，墨洛温王朝在莱茵河以西开始谋划一个新的大帝国，他们继承罗马帝国传统，并确立自己为"法兰克人"

---

1. 即原属罗马帝国，此时被放弃的地区——译者注。

的统治者。其统治主要依靠定期巡回的流动宫廷，并以书面形式授予或确认以拉丁文文书规定的各项权利与特权。他们还与教皇保持着密切关系，后者作为前帝国首都罗马城的主教，此时仍依附于拜占庭的东罗马皇帝。

统治范围的边界一方面取决于军事胜败，另一方面取决于婚姻与继承：在墨洛温王朝以及其后取而代之的加洛林王朝，拥有继承权的王子们瓜分领土的现象司空见惯。查理大帝[1]（742—814）时期的王国盛极一时，统治范围从西部的比利牛斯山脉延伸到东部的遥远地区，从北海沿岸延伸至罗马，公元800年，教皇为查理加冕成为"罗马人的皇帝"。然而查理大帝死后，其继承者之间随即开始了一系列军事冲突、相互倾轧和遗产瓜分，直至公元880年，分裂的东法兰克王国和西法兰克王国之间建立起相对平稳的边界，纷争才得以结束。公元10世纪，在新的统治家族奥托王朝（柳多尔夫家族）时期，分裂帝国的做法才得以停息。帝国统治者被称作罗马人的国王（reges Romanorum），如果他们得以举行相应的加冕礼，则可能成为

---

1. 亦常译作"卡尔大帝"等，因欧洲历史上帝王与诸侯的国别和语言归属复杂，其姓名往往存在不同写法和读音，因此同一人物常对应多个中译名，本书均采用其中最为通用的译名——译者注。

意大利国王和罗马皇帝，其控制的领土范围，原则上从北部的北海和波罗的海到南部的教皇所在地；从西部的马斯河和罗纳河到东部的奥得河、摩拉维亚以及匈牙利边界。凭借着皇帝头衔和罗马帝国的称号，他们要求在欧洲统治者中拥有特殊地位，并要求和拜占庭的东罗马帝国皇帝平起平坐，这一点在公元972年通过奥托二世（955—983）与东罗马皇帝的亲属塞奥法诺（959/960—991）联姻而得以凸显。

然而，现实自然没有那么简单，他们在自己帝国内的统治强度经受着种种波动。国王在各地区拥有密度不同且不断扩充的城堡和行宫网络，他们和宫廷随从们在那里共同逗留并不定期地举办"宫廷集会"，邀请重要人物参加，在那里执行公务、宣扬国法，并就重大政治和管理问题做出决策。在这种管理方式下，国王和宫廷人员的亲自出场显得尤为重要，这就迫使宫廷和整个行政团队处于无休止的流动中，也迟迟无法建立起稳定而专业的行政管理。教皇和东罗马皇帝则早已完成这一任务，周边的竞争国家，如法国、英格兰和西西里的国王也更加快速地完成了。事实上，帝国内也出现了一支新的专业行政管理人员队伍，即所谓"贵族大臣"（Ministerialen），但他们没有直接的统治头衔。

从11世纪开始，国王由各领地的领主选举产生，这些领地均是被选国王巡视或一定程度上受其管辖的地方。由于竞争者们所处的各个领地面积和实力悬殊，他们对于是否明确谋求国王之位心中有数。而同样作为领主的罗马—德意志国王，其竞争方式却大有不同：他们手上拥有世俗贵族统治者、主教管区、修道院以及城市，而城市意味着或大或小、或分散或集中的财产。

因此，一个国王可以动员哪些资源，取决于他自己的权力基础以及其他领主的忠诚度。他们可以选择他，必要的时候也可以罢免他。他们可以通过威逼利诱收买某个候选人的麾下支持他。在位的国王可以更轻松地为其继承人获取支持，但朝代更迭也绝非没有可能。随着每一次王权在不同贵族家族之间的更换，王国或整个帝国的统治重心也在不断转移。数百年间，这种转移整体上倾向于由西向东：查理大帝时期的亚琛和英格尔海姆作为主要行宫尚且处于帝国版图的东部，而到了14世纪，维特尔斯巴赫王朝、卢森堡王朝、哈布斯堡王朝等家族统治者的核心领地已在巴伐利亚、波希米亚和奥地利，尽管他们依然占有帝国西部的领地。除了其核心领地，国王们主要涉足西部和南部，例如为了加冕而赴亚琛。一些统治者也曾对意大利产生浓厚的兴趣。斯陶芬王朝在12和13世纪曾统治过帝国领土以外的西西里岛。其间帝国也曾向西南地区扩张，直到夺取勃艮第和普罗旺斯为止。

错综复杂的局势不仅导致多次国王选举充满争议，还时常激起竞争者们的暴动，以及数个家族间为争夺皇位而产生的旷日持久的对抗（例如 12、13 世纪的斯陶芬家族和韦尔夫家族）。

此外，国王和罗马教廷之间也不时出现紧张关系，国王需要教皇为其举行加冕礼方能使王权最终合法化。查理大帝曾被教皇视为其与伦巴第人的冲突中受欢迎的盟友，他还曾将自己的一块领地赠予教皇。而到 11 世纪，国王与教皇之间的关系明显恶化，前者要求由自己挑选和叙任主教与修道院院长，并将其作为统治人员，后者则希望独自决定神职人员的任命，认为宗教素养才是决定性的，双方陷入矛盾。教皇的意图，一是为了防止出于世俗目的而滥用神职人员，二是为了巩固自 1054 年以来正式与东罗马教会决裂的拉丁教会的威望。如此一来，国王的要求与教皇的想法相互冲突，一方想要建立由国王授职并屈从于国王的独立神职人员体系；另一方则认为即使是最高世俗统治者，也应作为基督教徒接受教皇审判。教皇可以因为国王的错误行为而将其置于信徒团体之外，就像 1076 年对待亨利四世（1050—1106）那样。由于亨利四世本就颇受争议，逐出教会为其带来了更显著的麻烦，最终他不得不以忏悔者的形象亲自出现在卡诺莎，向教皇当面负荆请罪，才使其撤销逐出教会的敕令（最终结果是平衡转向有利于世俗统治者的一方，他们从 16 世纪开始密集且越来越正式地介入教皇选举）。这场叙任权斗争随着 1122 年沃尔姆斯协定的达成而结束，协定设想将世俗和神职领域分割开来，然而几乎无法实现，因为高级宗教人员依然承担着世俗权力角色。

由于帝国的基本政治秩序存在种种问题，统治阶层一直争论不休，他们试图确立一些必要的规矩，一旦实行又不断要求对其改革。其中有的演变为新的"机制"，有的则无果而终。

其中一个问题是如何产生帝国的国王。与各诸侯公国不同的是，帝国整体不是世袭君主制，而是选举君主制，虽然也存在某种趋势使当朝国王的继承人更有优势。由于对选举权和选举程序各怀主张，诸侯们对国王之位可能产生激烈分歧。1356年颁布的黄金诏书使局势尘埃落定，它最终确定了（仅）七位选帝侯的选举权，他们分别是：美因茨大主教、科隆大主教、特里尔大主教、波希米亚国王（当时为颁布该黄金诏书的查理四世（1316—1378）本人、莱茵—普法尔茨伯爵、萨克森公爵、勃兰登堡藩侯[1]，他们以简单多数票的形式决定大权归属。新国王的选举须在美因河畔的法兰克福举行，加冕礼和首次宫廷集会则分别须在亚琛和纽伦堡举行。为了避免日后产生麻烦，该诏书同时规定，选帝侯领地不得分割，选帝侯实行严格的男性

---

1. 亦译作"边疆伯爵"——译者注。

继承（长子继承制）。只有当一个选帝侯家族绝后时，才能由帝国皇帝决定该选帝侯领地的继任统治者，但波希米亚例外，其出现上述情况时由臣民选举产生继任统治者。这种选帝侯选举制度之后被长期执行，而其他很多规定则迅速成为一纸空文，例如原本要求选帝侯们例行年度碰面，以及将纽伦堡定为首次宫廷集会的举办地。

　　另一个问题是帝国内部统治者的区分和内部稳定。这一问题可以粗略地划分为宗教的和世俗的、城市的和乡村的。处于宗教权力顶层的，是众多主教和修道院院长，他们一旦当选，终身任职。自 10 世纪开始，城市官员由城市中的富裕家族所组成的圈子首领们选举产生，其任期有限。在贵族统治者中，权力集中于一人，并由一人继承，他必须根据具体条件、地方传统、享有的特权以及力量对比来审时度势，照顾地方贵族、城市、修道院和主教们的利益。然而，以上几种不同的统治类型之间也存在着各种联系。例如，城市或修道院接管了乡村领地，那么也会扮演着乡村统治者的角色，而修道院长和主教，也往往出自有名望的贵族家庭。

　　原则上讲，这些不同种类、数量众多的统治者之间若出现关于继承、边界、上下级关系等争议，可诉诸国王的宫廷法院。但由于国王的宫廷人员构成根据其逗留地以及某些迫切需要而变化，且某些情况下难以取得联系，因此仍然存在由于种种缘由而导致的武装对抗，并有可能为了决一雌雄而导致事态扩大。城市和城市领主间的关系问题如同领地争夺一样，需要诉诸武力，例如 1288 年科隆从大主教的统治下谋得解放（沃林根战役）。领地不仅可以通过战争或联姻获得，还可以被售卖或抵押，例如勃兰登堡就是以这种方式落入霍亨索伦家族之手。如此一来，帝国的内部领土秩序一直在变化：各个家族起起落落；各个城市或维持着自己的自治权，如科隆和美因河畔法兰克福；或一度获得自治权而后又归主教管辖，如帕绍和美因茨。各个领地时而扩张时而缩小，时而统一时而再次分裂，时而结盟时而相互对抗。

在宫廷集会上，由手握重权的大人物们对帝国的重大问题进行商讨并做出决定，包括确定各路诸侯的军队规模和财政负担，这些收入用以防御外敌、与邻国作战、12 和 13 世纪支持十字军东征夺回圣地，以及 15 世纪抵御奥斯曼帝国的扩张等。宫廷集会由国王召集，偶尔也由选帝侯或其他诸侯召集，其中有的获得国王的首肯，有的并没有。它们以不同间隔在不同地方召开。除了七大选帝侯之外，其他大主教、修道院长、领主、城市和大学（1341—1449 年间）代表也会受邀参加，其人员组成因会议讨论的问题及其举办地点而变化。15 世纪末（尤其是 1495 年沃尔姆帝国会议之后），这种灵活的"宫廷集会"演变成为一个新的机构"帝国议会"，自此之后议会成员被称为"帝国政治体"，他们又被分为三个议事团（选帝侯、亲王和自由城市）。同样在1495年，还设立了一个作为独立法院的帝国最高法院，以解决帝国政治体之间的内部纷争，由此希望能（但从未兑现）结束帝国政治体之间的敌对和其他武装冲突，寻求一条和平的法制解决方案，在帝国内部建立起持久的《和平条例》。

帝国的外部边界同样会发生变化。这一方面是由于西部和南部的邻国扩张而导致领土流失，例如法兰西王国、那不勒斯王国、教皇国和威尼斯共和国。另一方面帝国可能疏于维持和领主间的统治关系，在后者拒不参加帝国议会、不遵守帝国法律级别、不支付应缴税赋等情况下，未能成功采取有效的反制措施。例如帝国与意大利王国和瑞士联邦之间的关系，就是以这样的方式变得不确定。到中世纪晚期，国王和帝国在阿尔卑斯山以南的存在，仅限于去往罗马的加冕队伍。1452年，加冕礼最后一次在罗马举行（弗里德里希三世，1415—1493），1530年，教皇在博洛尼亚最后一次为皇帝加冕（查理五世，1500—1558）。

相反，帝国政治体向帝国领土以外扩张，却并不一定带来帝国领土的扩大。例如条顿骑士团，最初是在圣地巴勒斯坦成立起来的一个天主教骑士团，13到15世纪之间在波罗的海东岸地区建立起领土统治，他们通过在帝国境内的骑士团领地募集成员和资金而组建，并在这些领地获取物质财富。然而这些领地都是独立的，仅有帝国内部的骑士团领地首领在 15 世纪末被提升为侯爵身份。

这个此时所谓的罗马帝国自 12 世纪开始被加上"神圣"之名，它不仅是一个复杂的政治体，同时也是一个多元的文化体。黄金诏书规定，世俗选帝侯的继承人作为潜在的皇帝人选，除德语外应从七岁开始至少学习七年拉丁语、意大利语和捷克语，以便能与所有臣民交流。其中，拉丁语作为法律、办公和宗教用语而具有无可争议的地位，它同时也是阿尔卑斯山以北的帝国大学里的教学语言。这些大学中，第一所由查理四世于 1348 年建于布拉格，之后几所由不同的王侯或自由城市创建，它们分别于 1365 建于维也纳、1386 年建于海德堡、1388 年建于科隆、1392 年建于埃尔福特。它们和意大利、法国的大学培养出的"博学的参事们"，在 15 世纪成为诸侯和城市的重要顾问。至于德语的地位，从其最早的拉丁文名称 theodiscus 便可见一斑。theodiscus 一词最初用来泛指区别于知识分子所使用的拉丁语的一切民间语言，之后才逐渐局限于指涉北海和阿尔卑斯山之间的非斯拉夫语言。不过，这些德意志方言作为帝国不同区域间的沟通交流手段具有日益重要的意义。越来越多的祷文、记事和法规以德语写就，15 世纪城市间的政治信函往来尤以德语作为首选。15 世纪末，"神圣罗马帝国"之名被附加上了"德意志民族"的字眼，既表明它与意大利逐渐疏离，也表明德语对于帝国的重要性日益提高。与此相对，帝国首脑的名称"罗马皇帝当选人"则一直保持到 1806 年，尽管从 15 世纪末开始他已经不必亲赴罗马举行加冕礼。

与文化多元性相对的是强大的宗教统一性：罗马教廷的基督教正统地位建立起这样一种框架，一切不屈从于天主教会判决的活动都会受到法律和军事迫害。在天主教时代之初，不信教者被称作"异教徒"，被强迫皈依基督，而在整个帝国基督化之后，但凡偏离教皇所认证的学说，就会被称作"异端分子"。例如，神学家扬·胡斯（1370/1371—1415）在康斯坦茨大公会议上（1414—1418）被处决，他在波希米亚的追随者也随即遭到军事镇压。这种绝对的宗教统一性之下，唯一的例外就是对犹太社区的容忍，这些社区早在古典时代就存在于中欧的罗马地区。基督教徒和犹太教徒之间的关系是矛盾的。黄金诏书（在经济法规框架内）规定，选帝侯们有权在其领地内接纳犹太教徒。包括皇帝在内的各级基督教统治者们一再给予犹太人特权，以缴纳特别税赋为前提使他们免遭迫害。犹太人有权在遵守严格规定的前提下开展宗教活动，并且可以从事某些特定的经济活动，因此在很多城市都存在着犹太人聚居区或犹太人街巷。然而另一方面，强迫洗礼、驱逐、屠杀等形式的迫害也层出不穷，仅在 11 和 14 世纪处于低潮。迫害的由头可谓五花八门，例如局部紧张局势，十字军或瘟疫等外部冲击，关于犹太人杀害年轻基督教徒用于祭祀的传闻，抑或仅仅因为惦记犹太人的财产，想要据为己有。国王对犹太人的保护义务几乎并无多大意义：1349 年纽伦堡的犹太人惨遭屠杀，且此次屠杀光明正大地提前公开宣布，而查理四世仅在事后勒令凶手支付赔偿金。

然而，宗教的统一性也受到一些事件的制约，天主教本身成为多次改革浪潮的对象，而改革的目的是希望回到最初的基督教教义。其第一阶段是 9 世纪的"加洛林复兴"，在此期间人们通过抄写和研究古典时代文献，提升了对宗教极其重要的拉丁语知识。后来的改革则主要针对修道院生活，尤其是注重持守清贫律，这促使一些新的修会建立。例如 11 世纪后期的西多会，比本笃会更加强调修道院生活的隐逸和朴素；13 世纪初，多明我会和方济会中的托钵修会持守更加严格的清贫律，并专注于关怀城市市民。

14 和 15 世纪，接连出现多位教皇并存的局面，西方教会大分裂，天主教世界做出反应以调解局面，希望由众多主教组成的大公会议成为最高宗教权威机构。大公会议一直在帝国境内举行，1414 年至 1418 年在康斯坦茨，1431 年至 1449 年在巴塞尔。然而，宗教改革运动的重心却并非一直在帝国的核心地区，而是如同哥特建筑和文艺复兴等新兴建筑与艺术风格一样，如同经院哲学与人文主义等科学趋势一样，从西欧和意大利辐射至后来的"德国"，经过或长或短的延迟，再由西向东、由南向北继续传播。

其部分原因在于，帝国核心地区与其西部和南部的相邻地区之间存在繁荣上的差距，这种差距在帝国内一直延续。在古典时代晚期的经济衰退之后，欧洲开始迎来一次飞跃：通过向三年轮作制的过渡和改良耕犁等新农具的使用，农业生产力得以提高。更高的生产力使人们能够在山谷和中低山脉地区定居，然而这些地区在当时收成甚少，尚无法形成村庄。人们还能像荷兰那样排水造地，改良有耕作潜力的土地。居住范围扩大和耕地增加都导致了人口的增加。分工明确的修道院，例如大型的西多会组织，使农业和手工业生产技术得到了大力发展。

农产品剩余是城市发展的前提条件，而城市发展又会进一步增加对食物的需求。广泛的食品、布料和奢侈品贸易促进了货币经济的普及，而这再次增强了贸易城市的政治意义。只有这些城市，能够通过它们的商贾和放贷人迅速满足统治者们在发生冲突或谋取新领地时迫切需要的大量资金。一个典型的例子就是由贸易城市组成的联盟"汉萨同盟"，它集中分布在北海和波罗的海地区，并在伦敦、布鲁日、卑尔根和诺夫哥罗德等地设有办事处。同属汉萨同盟的城市还包括科隆，它凭借自己在莱茵河沿河的核心地位成为帝国最大的城市。其他商贸中心城市还包括纽伦堡、奥格斯堡、美因河畔法兰克福、雷根斯堡，它们都位于重要的贸易线路，其华丽的市政厅、教堂和壮观的城防工事彰显着它们的富裕，例如 13 世纪开始修建的科隆大教堂。尽管城市屡屡向外扩展，其拥有的商机和更大的自由吸引来越来越多的居民，使其仍然变得日渐拥挤。总体而言，人口密度、城市密度、城市规模都呈现出由西向东、由南向北递减的情况。此外，这一时期的城市越来越难以脱离领主成为自由城市，像布拉格和维也纳这样实力雄厚的城市都不是自由城市。而帝国北部和东部的诸侯都城相比之下大都规模不大。在南部和西部的农村，发展出了高度分化的社会状态，农民们有的是仅靠工资生存的雇佣劳工，有的按照等级对地主土地拥有使用权和占有权，还有的拥有自己的土地并成为仅需向世俗当局或教会纳税的自由农民。而在北部和东部，贵族成员和其他臣民之间存在着更大的鸿沟。那里的农民被束缚于土地、严重依赖农庄，在经济和法律上只能对庄园主人卑躬屈膝。

而到 14 世纪，上述经济和文化的普遍上升趋势开始中断。其关键原因就是瘟疫流行，鼠疫自 1347 年开始侵入帝国，使相当一部分人口遭遇灭顶之灾，其中尤以城市受灾严重。而且祸不单行，气象灾害连年发生，阴雨和寒冷造成农业歉收，进一步阻碍了民众恢复生产的能力。

人口减少一方面导致很多地方被荒弃，经济生产下降。人们开始寻找替罪羊，屠杀犹太人事件频发，极端宗教运动加剧。

另一方面，鼠疫受害者的继承人能够占有更多地产、资本和货物。这导致了统治者一再批评的财富炫耀，但同时也促进了投资，从而进一步促进重要贸易地区的经济发展。

一个具有根本政治意义的局面是，哈布斯堡王朝在 15 世纪成功地直接控制了许多经济特别繁荣的地区，包括荷兰部分地区、波希米亚、勃艮第和蒂罗尔，其中蒂罗尔在 15 世纪还发现了银矿。到 16 世纪，哈布斯堡王朝更是与西班牙建成了共主联邦，垄断了海外殖民地的贵金属矿藏。然而与此相对的是，哈布斯堡王朝没能成功调动帝国的资源用以持续抵抗外部威胁：自 1453 年君士坦丁堡沦陷以来，奥斯曼帝国的边界已延伸到东南欧，曾有多次帝国议会提出通过举国行动来对抗奥斯曼，但从未实现。处理这个"基督教的威胁"的艰巨任务，仅仅被分配给了匈牙利和波兰两个王国。帝国却在为关于内部结构和内部斗争的改革而吵个没完没了。说严重点，帝国已陷入瘫痪；说好听点，也仅限于关注帝国领土的直接安全以及促进内部的和平与繁荣。

[二]

宗教改革和宗教战争

16 世纪，帝国的教派统一性终结。

15 世纪，人们不满罗马教廷的现状和很多神职人员的作为，批评声越来越多。众多教会高官坐拥大量财富，过着骄奢的生活，本应独身、禁欲的教士却拥有情妇和子女，教皇和宗教统治者们的世俗政治利益远远盖过其本职工作，这些都成为导火索。教皇和宗教大会之间的分歧日益明显，矛盾主要集中于对《圣经》的解读不一致，以及是否允许教会传统发生改变，并由此提出了一个问题：是否应由某个机构掌管拉丁地区基督教界神学问题的最终解释权。尤为引发争议的，是赎罪问题严重商业化。人们可以通过某些办法获得赎罪机会，主要是捐款和购买赎罪券，教会声称以此可以洗脱本应受到惩罚的罪孽，例如缩短死后在炼狱的停留时间，甚至可以提前洗脱从最后一次忏悔到死亡之间所犯的罪孽。无论生者还是死者，教会通过精心策划的形形色色的活动向其推销赎罪业务，所得收益用于修建罗马的圣彼得大教堂，以及供养主教们。尽管德意志土地上的诸侯们也参与分享收益，但总体上越来越多的钱财从德意志流向了意大利。

文艺复兴时期的教皇曾做出过极其有伤风化的举动，圣彼得大教堂的建造也消耗了大量的金钱，但从根本上讲，这些都算不得什么新鲜事。真正开天辟地的是，15世纪中叶，美因茨的印刷厂主约翰内斯·古腾堡（1394/1399—1468）发展了活字印刷技术，传媒世界因此而发生改变。比起过去的手工抄写和雕版印刷，更长篇的文本也可以迅速且大量地印制出来。同时，以意大利为核心并向其他欧洲地区辐射的人文主义教育计划带来了进一步的改变。它主张回溯古典时代的传统，因此重新发掘出大量加洛林文艺复兴运动中制作的手抄本，并以印刷方式将它们出版面世，使得这些在此前几个世纪都被遗忘，或在反复手抄过程中被破坏的文献的原始版本得以传播。在此过程中进行的文本批判以及对希腊语和希伯来语的研究，也被用来解读以源语言书写的《圣经》原文，而罗马教廷手中那部神圣的拉丁文《圣经》此时变成了众多译本中的一个。这种认知再次掀起了一波新的讨论：是否个人阅读译成各自民族语言的《圣经》，并按《圣经》规定约束自己的生活，才是最可靠的救赎之路。

虽然当时已经存在不少其他语种的《圣经》译本，但这条个人通往启示的道路却遭到教会禁止，目的是排除所谓的异端解读，例如人们怀疑面包和葡萄酒如何通过"化体"（Wandlung）转化为上帝的肉和血[1]。

通过阅读《圣经》人们也产生了这样的疑问：是否积德行善、购买赎罪券或触摸圣骨就能保证进入天堂？因为上帝若无所不知，所有人的命运就早已预先注定，天命不可违。得救赎还是堕地狱，并非取决于人们出于自由意志在尘世做出的行为，而是另有根据：它仅取决于宽恕，取决于上帝的圣言，取决于基督的牺牲或取决于信仰。

早在 14 世纪末 15 世纪初，以英格兰的约翰·威克理夫（？—1381）和波希米亚的扬·胡斯为代表的神学家，就曾提出以各民族语言自行阅读《圣经》的要求，并对宿命论以及"化体说"提出质疑。在 16 世纪的宗教改革中，受过良好教育的牧师基于对各种语言版本的《圣经》的深入了解而再次秉持这些观点。这场神学和教会实践改革的重要参与者及其改革开始时间包括：马丁·路德（1483—1546）1517 年于维滕堡，乌尔里希·茨温利（1484—1531）1518 年于格拉鲁斯和苏黎世，以及

---

1. "化体说"，一种关于圣餐礼的天主教理论观点——译者注。

约翰·加尔文（1509—1564）1536年于日内瓦和帝国直辖市斯特拉斯堡。

帝国本身在此次宗教改革中发挥了关键作用，一方面原因在于德意志地区的帝国政治体对意大利教廷的批评日益强烈，这在其15世纪末发布的《德意志民族的控诉》（*Gravamina der Deutschen Nation*）中便已挑明。另一方面，帝国复杂的权力关系，例如瑞士的自治，为改革者创造了可以活动的自由空间。这种自治关系的高度合法化以及帝国议会的存在，为夹杂着政治意味的神学辩论提供了公开场合。此外，哈布斯堡家族能否登上帝国皇位当时尚无定论。在1519年的皇帝选举中，西班牙哈布斯堡王朝的国王卡洛斯一世（1500—1558）与法兰西国王弗朗索瓦一世（1494—1547）两强相争。这就使其他选帝侯在两者之间大有操作空间，尤其是他们通过投票给卡洛斯一世（当选帝国皇帝后称查理五世）而捞到了大笔资金回报。

1517年，马丁·路德发布了批评赎罪券买卖的《九十五条论纲》以及他的"称义"理论（Rechtfertigungslehre），原则上他必须因此而赴罗马接受教皇对他的异端审判，但萨克森选帝侯却设法于1518年在奥格斯堡的帝国议会上先行对其进行审讯，而在那里路德获得了皇帝的保护。尽管路德在1520年被逐出教会，但经过沃尔姆帝国议会的激烈争论，皇帝再次为他提供了安全护送，使他在已被判罪的情况下仍然得以回到瓦尔特堡，在那里完成了希腊文《新约》的德文翻译。

路德的批判引发强烈反响，其内涵止于何处尚不清楚，因其所涉范围甚广，包括修道院生活的合法性、教堂神像的许可、布道和弥撒语言以及礼拜形式。独身不娶被认定为 11 世纪的老黄历，神父结婚因而得到允许，路德、茨温利、加尔文都有婚配，甚至其他某些家庭形式都可以依据《圣经》组建。例如，早年加入新教的黑森侯爵菲利普（1504—1564）在路德的允准下同时娶了两位妻子。特别激进的宗教改革派支持者，例如 1533 至 1535 年间控制明斯特的再洗礼主义者，也偏爱一夫多妻制。宗教改革的论点也可以用于支撑建立没有主仆关系的平等社会的愿望，例如 1524 至 1526 年间发生在德意志西南部、图林根、萨克森以及蒂罗尔的那场所谓"农民战争"，其中神学家托马斯·闵采尔（1490？—1525）根据这些论点领导农民起义。另一方面，路德派新教和归正派[1]新教中的主要流派都投票赞成加强传统形式的世俗权威，并赋予他们对教会的控制权和财产所有权。

新的神学思想和宗教改革实践在德国迅速广泛传播；1530 年甚至一度有望在奥格斯堡的帝国议会上将新教教义定为帝国国教，但最终在皇帝和其他教会、诸侯的反对下以失败告终。

---

1. 归正派即加尔文派，为新教第二大宗派——译者注。

自此，帝国产生了教派分裂。在新教控制地区，修道院被解散，礼拜式以德语进行，教区参加神父选举，教堂或多或少从根本上摆脱了天主教"迷信"的元素，例如圣物或圣像。此外还新建了一批大学，如耶拿大学（1558 年）和黑尔姆施泰特大学（1578 年）。牧师住所变成了人文主义教育中心，由于专注于将个人读懂印刷文本作为信仰的核心，教育事业比天主教地区扩张更快，虽然直至 18 世纪，新教地区也只有少数人能够阅读和书写。放眼整个欧洲新教地区，德国成为拥有重要教育机构和宗教权威的文化引领地区。

这对帝国的基本秩序也产生了影响，尤其是教会领地的所有者可以通过改变该领地内的教派信仰从中受益，该领地可从临时财产转变为他的世袭财产。1525 年，身兼条顿骑士团首领的勃兰登堡—安斯巴赫藩侯阿尔布莱希特（1490—1568）通过皈依新教，将骑士团国变了普鲁士公国，首都为科尼斯堡。1618 年阿尔布莱希特一脉绝后，公国落入勃兰登堡选帝侯之手。不过天主教一方也并没有坐以待毙，在强力的反宗教改革宣传下，也有一些领主由新教转投天主教门下。而在军事上，皇帝查理五世因为与法国争夺阿尔卑斯山口控制权，以及与不断扩张的奥斯曼帝国的冲突，在意大利和匈牙利同时陷入困境。1532 年，他原则上承认了那些信奉新教的帝国政治体的合法性。

尽管如此，信奉新教的帝国政治体还是在 1531 年武装起来，成立了"施马尔卡尔登联盟",以应对天主教集团可能进行军事干预的风险。1546年,他们果真遭到攻击,施马尔卡尔登联盟手头的资源不及哈布斯堡家族掌管下的帝国。同时事实证明,在紧急情况下,宗教团结可能会退居战略和王朝利益之后,例如信奉新教的萨克森公爵莫里茨(1521—1553)与查理五世结盟,联合对抗其堂兄约翰·弗里德里希一世(1503—1554)。作为奖励,莫里茨于1547年获得萨克森选帝侯之位。这场冲突以各方的妥协以及1555年签署的《奥格斯堡宗教合约》而告终,合约允许各地区统治者自行决定信奉天主派、路德派或归正派。这项规定对所有臣民具有约束力,在信奉某个宗派的领地内举行其他宗派的礼拜仪式是不允许的,但有权因此而迁出该领地。而这也会对犹太人产生后果,因为他们可能被驱逐出某些城市和地区,路德对此极力反对。只有少数地区允许多个教派存在,例如奥斯纳布吕克主教管区。帝国直辖市法兰克福虽选择了路德派,但作为举行皇帝选举之地并在1564年之后同时作为加冕之地,因此容许天主教机构存在,并对归正派教徒和犹太人也给予宽容。在哈布斯堡家族统治地区,新教思想赢得广泛好感,尤其是在波希米亚,因此皇帝对新教的禁令暂时未能严格执行。1555年后,只有天主教领地内的教派变更被禁止,只有这样才能保证天主教在七大选帝侯中占据多数,前提还是波希米亚国王保持天主教信仰不变。因为普法尔茨、萨克森和勃兰登堡的其他三位世俗选帝侯此时皆已皈依新教。

至此，教派分裂局面成为定局，教派冲突也可以提交法律程序，自 1555 年起，统治者和臣民间的冲突也可由法律程序解决，即可在帝国最高法院进行审判。

16 世纪末期被糟糕的气候条件所笼罩，而这也和当时轰轰烈烈的猎巫运动扯到了一起，这场运动在 16、17 世纪之交无论新教还是天主教领地内都广泛传播，因为糟糕的收成和恶劣的天气都可以归罪于所谓的"巫术"。

在这期间，天主教方面似乎表现出了更大的改革活力。1535 年耶稣会的建立以及天特大公会议（1545—1563）所做的决议，都旨在改革天主教教育机构、改善对神父的培训以及普遍提升天主教的吸引力。这些举措在某些地方非常成功，例如富尔达。1582 年教皇格利高里推行历法改革，天主教修改日历年，使其与天文年相适应，而新教地区拒绝做出改变。1583 科隆主教区试图世俗化（这将使帝国的教派平衡转向新教徒一方）遭到阻止。皇帝鲁道夫二世支持亲天主教的措施，例如 1607 年巴伐利亚公国接管了信奉新教的帝国直辖市多瑙沃特。法国天主教统治的巩固也促进了此时天主教的乐观形势，不过它却在政治上被西班牙、荷兰、帝国内部和意大利北部等哈布斯堡家族所控制的领土包围。

新教势力察觉到天主教上述种种做法已经威胁到此前的宗

教妥协，帝国最高法院和帝国议会的工作因此变得更加困难。这也导致新的教派联盟建立：1607 年成立新教联盟，1608 年成立天主教联盟。自 1609 年起，信奉新教的勃兰登堡选帝侯和正由新教向天主教转变的普法尔茨—诺伊堡公爵，对于利希—克里维斯—贝格联合公国的继承权展开军事争夺，法国和荷兰也纷纷介入冲突。教派问题和诸侯的利益纷争相结合，冲突风险显著增加，并有可能激起外部势力对帝国的干预。

随着狂热的天主教支持者斐迪南二世（1578—1637）成为波希米亚国王，要求统一教派的言论在哈布斯堡王朝内甚嚣尘上，同时由于帝国政治体要求政治共决被拖延，紧张局势开始升级。1618 年 5 月，波希米亚愤怒的新教徒将数位帝国大臣从布拉格城堡的窗口扔出，以此表达他们的公开抵抗；1619 年春皇帝马蒂亚斯（1557—1619）死后，他们宣布罢黜帝国指定的波希米亚国王，并于当年夏天自行选举出信奉新教的普法尔茨选帝侯弗里德里希五世（1596—1632）作为新的国王。如此一来，将对哈布斯堡家族长期把持皇位产生威胁，因为一个新教占多数的选帝侯大会是不会选出一位信奉天主教的皇帝的。

由此引发的三十年战争拉开了序幕，各种冲突矛盾集中爆发：皇帝和其他帝国政治体关于等级代表会议中席位占比的争议；教派冲突；帝国与邻国间的领地冲突，以及关于帝国控制权的冲突。这一时期的战争按照 16 世纪在意大利形成的战争模式而展开，即越来越多地使用雇佣军，他们由阿尔布莱希特·冯·华伦斯坦（1583—1634）这样的军事雇主招募、装备和供养。由此，获得资金对胜利而言至关重要。这方面一开始占有优势的是皇帝和天主教一方，他们掌握着蒂罗尔的银矿以及（由于1556年与西班牙的共主联邦解散而间接地掌握）南美洲的贵金属矿藏。

因此，天主教一方在战争伊始占据上风。他们成功地分化了信奉新教的帝国政治体，并将战争限制在波希米亚和普法尔茨范围内。1620年，哈布斯堡家族在巴伐利亚和波兰支持下重新控制波希米亚。1621年，西班牙军队占领普法尔茨。1625年，弗里德里希五世的普法尔茨选帝侯头衔由巴伐利亚的威特斯巴赫家族取代。丹麦国王在法国的经济支持下出手干预战争，其理由一方面是他在帝国境内的领地利益，另一方面则是保护新教。尽管如此，也只是暂缓了哈布斯堡家族的胜利：1629年，哈布斯堡家族如日中天的势力似乎不可抵挡。

这也使得斐迪南二世敢于冒险，谋求彻底改变局势。在未征求其他选帝侯意见的情况下，他下令对奥格斯堡宗教合约重新进行解读。他要求恢复自1552年以来世俗化的所有原天主教教会地盘，包括不来梅和马格德堡主教领地以及数百个修道院。这一圣谕一旦实施，不但会使各新教领地严重缩小，而且将彻底改变各选帝侯与皇帝的关系。此外，这种强化帝国集权的做法也加剧了法国对于哈布斯堡家族手中权力过于集中的担忧。

这一局面为瑞典国王古斯塔夫二世·阿道夫（1594—1632）提供了绝佳的干预机会。新组建的瑞典—新教联盟再次得到法国资助，扩大了对包括普法尔茨在内的广大地区的控制；结果他们的统帅却倒在了 1632 年的吕岑会战中。于是，法国于 1635 年决定直接参战，其战略目的在于，通过比利牛斯山脉、莱茵河谷和意大利北部三面同时作战来削弱哈布斯堡家族。瑞典军队仍然在帝国领土内活跃，其后数年帝国内发生过众多军事对抗、提出过多次新的政治秩序建议、经历过多次同盟关系的转变，但均未能找到解决冲突的方案。

这场三十年战争对各地区产生了截然不同的影响。在帝国西南部、北部、德意志中部以及波希米亚等直接受战争影响地区，因战争冲击、村庄、城市和田园荒废以及疫病在弱势人群中蔓延等因素的影响，导致了巨大的人口损失。马格德堡等一些城市几乎被完全摧毁，另一些则遭到严重破坏。被占领地区的居民被迫缴纳高额军税，波希米亚等地区的教派少数群体遭到驱逐。长途贸易也遭受重创，特别是为了筹集战争资金而一再降低铸币成色，进而导致汇率变动。

而那些较少或完全没有遭受军队袭扰的地区，则几乎不受影响，这主要是因为跨区域贸易对居民基本供给的影响仍然很小。优越的地理位置遇上精明的统治者，便有机会远离这场冲突，它在数年之中发展为一场整个欧洲的冲突，波及众多帝国政治体、西部和北部邻国，以及在荷兰拥有领地的西班牙。意图终结这场冲突的种种尝试同样错综复杂，谈判从 1643 年开始陷入僵局，直至 1648 年才达成两项和平条约，即天主教战争参与方之间签订的《明斯特和约》和新教参与方之间签订的《奥斯纳布吕克合约》。这两个合约和其他相互关联的条约共同构成《威斯特伐利亚合约》，其直接后果就是缩小了帝国版图，承认瑞士和荷兰独立。随着梅斯、图尔和凡尔登主教管区以及阿尔萨斯部分地区割让给法国，法国边界和莱茵河之间建立起了复杂的领土秩序。在帝国内部，建立了不来梅公国、维尔登侯国 (1715 年出售给不伦瑞克—吕讷堡公国) 以及波美拉尼亚几个瑞典领地。许多领地边界发生转移，例如勃兰登堡选帝侯领地通过候补资格向西扩展到了马格德堡主教领地。而最初引发这场战争的冲突事由也得以解决：各宗教领地以 1624 年时所属的教派为规范保持不变，为莱茵普法尔茨设立第八个选帝侯席位，波希米亚国王之位依然留在哈布斯堡家族手中。

《威斯特伐利亚合约》事实上还包括承认各帝国政治体作为独立的外交参与者，但不得背弃帝国的利益。另一方面，在这一和平条约的基础上，不仅开始重建被战争毁坏的地区，而且恢复了帝国机构的活动，例如帝国最高法院，以及自 1663 年起持续运作的"帝国永久议会"。

[三]

威斯特伐利亚体系

三十年战争虽然已经过去，但各德意志领地依然卷入一场又一场此起彼伏的战争，包括勃兰登堡—瑞典战争（1674—1679）、重盟战争（1683—1684）、普法尔茨王位继承战（1688—1697）、大北方战争（1700—1721）、西班牙王位继承战（1701—1714）、奥地利王位继承战（1740—1748）、七年战争（1756—1763）、巴伐利亚王位继承战 （1778—1779），以及哈布斯堡王朝分别于 1683—1699 年、1714—1718 年和 1736—1739 年与奥斯曼帝国进行的多场战争，而这还并非全部。这些冲突均未达到三十年战争的程度，原因在于战争相对而言变得逐渐温和。1683 年，奥斯曼帝国占领维也纳，对周边地区造成大面积毁坏；1693 年，海德堡也在普法尔茨王位继承战争中惨遭破坏。而到了 18 世纪，战争对平民和房屋的威胁有所下降。军队有了更严格的安置和纪律。这一时期的士兵依然通过跨区域征召，而且通常是强制性的。身高体健的年轻小伙会被建议不要经行普鲁士，黑森—卡塞尔曾以有组织地将乡村少年作为士兵对外出口而著名，他们被送往北美洲。但军官不再像自由的企业家一样，将自己和自己的军队对外雇佣，而是至少在一定时期内服务于一个固定领地。受过良好训练的部队在 18 世纪变得极其宝贵，以至于征战中必须尽可能少地威胁常备军的存在，以避免在遭遇重大战役时没有还手之力。由于战争的目的就是占领某块领地，因此通过破坏而降低其价值只会适得其反。战争的代价一如既往巨大：一支军队必须由统治者招募、训练、供养，并以贵金属支付报酬；臣民们也因此提心吊胆，可能会被横征暴敛、巧取豪夺，或是遭遇流行疫病。无论如何，这些战争不再威胁到大部分居民的生存。

如此多的军事冲突的背景，是诸侯权力的系统扩张，后来又转变为国家权力的扩张。17 世纪，大型德意志领地的结构极为复杂。它们由各不相同的地区组成，每个地区都有自己的特权和独特之处，其中某些团体可以对领主主张不同的权利。而这一切通常是领主们默许的，他们以此换取对各个地区资源的支配。17 世纪末和 18 世纪，统治者们意图将这种"复合国家"重组为他们可以随心所欲进行统治的领地。在这方面，路易十四（1638—1715，1643 年上台）在法国推行了一种完全集权于君主的统治形式，提供了一个既直观而又长期成功的典范。鉴于地方或省之间仍然存在法律上的分歧，且君主制的权力有限——其小型中央管理机构几乎不可能控制地方——法国的情形是否能用"专制主义"一词概括，仍有争议。但可以确定的是，强化君主的荣耀无论在哪里都是统治的核心目的所在。这也意味着必须阻止其他君主占据主导地位。例如，西班牙王位继承战的缘由就在于，奥地利的哈布斯堡王朝和法国的波旁王朝争夺对西班牙帝国的主导。

　　西班牙王位继承战以双方妥协而告终，维持了双方力量均衡。波旁家族的一个支脉获得继承权，条件是他永远放弃法国王位的继承权。作为补偿，奥地利哈布斯堡家族得到了原属西班牙的荷兰领地。此后直到18世纪的其他冲突，也都围绕着这样一种意图，即在君主继承规则、欧洲平衡理念以及个别统治者希望将领地化零为整的愿望之间寻求调和。其结果是达成越来越复杂的协议，通过这些协议，相隔遥远的领地被相互交换，而某些完整国家被瓦解。例如洛林公爵弗兰茨（1708—1765），1745年成为神圣罗马帝国皇帝弗兰茨一世，后来统治了托斯卡纳。而这是一系列交换的结果：1736年，洛林被交给了前波兰国王坦尼斯瓦夫·莱什琴斯基（1677—1766），后者不得不将波兰王位让给萨克森选帝侯弗里德里希·奥古斯特二世（1696—1763）。而波兰王位在1772—1795年之间完全消失，因为它被三个强大的邻国——俄罗斯、奥地利和普鲁士——瓜分。另一个类似却未能实施的计划是，约瑟夫二世（1741—1790）曾希望以奥地利拥有的荷兰领地交换巴伐利亚。

自 1688 年起，英法两国间的竞争造成世界性冲突局面，各诸侯邦国希望通过灵活的结盟在二者之间渔利。当时的法国在路易十四统治下，通过占领斯特拉斯堡、阿尔萨斯以及在上莱茵省建立萨尔路易堡垒，将领土范围扩展到莱茵河边界；英国则拥有更大的财力空间，并于 1714 年通过与汉诺威建立共主联邦而一脚跨进欧洲大陆。一开始，奥地利与英国结盟，普鲁士与法国结盟。随着七年战争打响，同盟关系被扭转。

此外，由于 17 世纪后期来自奥斯曼帝国和法国的威胁，以及围绕西班牙的冲突，哈布斯堡家族需要大量资金和支持，一些较大的诸侯借此得以提升领地级别。在此背景下，不伦瑞克—吕讷堡公爵于 1692 年成功获得帝国第九个选帝侯头衔，条件就是其选票只能投给哈布斯堡家族。诸侯们的另一个机会是，可以成为帝国领土以外国家的国王，例如萨克森选帝侯于 1697 年被选为波兰国王，不过为此他必须改信天主教（这一共主联邦于 1763 年结束）。1701 年，皇帝允许勃兰登堡选帝侯"在普鲁士"加冕称王，腓特烈二世（1712—1786，1740 年上台）据此于 1772 年将头衔改为"普鲁士国王"。1714 年汉诺威选帝侯继承英国王位。巴伐利亚选帝侯甚至觊觎皇帝之位。1713 年皇帝查理六世（1685—1740）颁布《国事诏书》规定，女儿同样享有继承权。尽管如此，这一决定仍然存在不确定性，因为在此之前帝国完全排除了女性继承权；腓特烈二世利用这一机会于1740年突然入侵极具经济价值的西里西亚，使其最终成为普鲁士王国的一部分。由于身兼奥地利大公和匈牙利女王的玛丽娅·特蕾莎（1717—1780）无法被选为皇帝，巴伐利亚选帝侯查理1743年成功当选帝国皇帝。然而，这位查理七世（1697—1745）的统治范围却仅限于作为选举和加冕之地的法兰克福，因为奥地利以占领他的传统领地作为回击。在他死后，玛丽娅·特蕾莎巧妙地将其丈夫弗兰茨送上帝国皇帝之位。

　　而对弱小的诸侯们而言——他们大多位于帝国南部和西部，北部也存在一些——在等级和边界变化中危险要比机会多得多。即便是兵强马壮、实力雄厚的哈布斯堡王朝，也可能被其他诸侯打败并丢失领土，更何况这些小国，它们时刻提防自己沦为雄心勃勃的强大邻国的受害者。此外，他们还要担心来自外部，尤其是法国的袭击。一些负责处理帝国宪法的人，看出帝国最高法院等机构已不同往昔且效率低下，他们认为一个时代已经无可挽回，帝国只剩下过时的残躯。但另一些人坚持认为，改革后的帝国仍然有望保持举足轻重的地位，因为它不仅饱经考验、屹立不倒，在某些方面备受认可，而且很难被某种新的政治秩序所取代。

在这种各路诸侯无休止的竞争状态下，所有领地都在努力提升自己的地位。其中一个重要方面就在于增加劳动人口，这样方能减轻征兵压力，并增加税收收入。因此在新教领地中，无论是普鲁士这样的大块头还是黑森—霍姆堡这样的小山头，都乐于接收由于路易十四恢复天主教的政策而从法国出逃的胡格诺派教徒，允许他们在 1685 年之后修建定居点，并给予其税收特权，以及宗教与语言自由。凭借着类似政策，普鲁士还吸引了大约两万名 1731 年从萨尔茨堡被驱逐的新教徒。奥地利则鼓励居民从人口相对密集的德意志西南部向曾被奥斯曼帝国占领的匈牙利和特兰西瓦尼亚等地区迁移，但这需要和众多海外移民代理竞争，他们此时正大力宣传经莱茵河和大不列颠向北美洲移民的机会。奥地利上述移民政策的缺点是限制迁出自由，其中一些人沦为农奴，依附于各自的地主，特别是在帝国东部地区。

此外，诸侯们还实施其他一些经济政策措施，例如开垦新的农业用地，比如在奥德河沼泽区排水造地等；推广新的农业技术和农作物，比如土豆。就连森林也得到系统化经营，人们开始栽种整齐成排的大面积单一树种。此外，18 世纪上半叶一直持续着有利的自然气候，有助于通过以上措施提高农业生产力。这方面显而易见的例子就是普鲁士东部地区的烈酒产量不断增加，这里在 1708 年至 1710 年间还由于食物匮乏而笼罩在蔓延肆虐的鼠疫之中，而后来却可以将粮食出口，并将剩余部分用来发酵、蒸馏，酿成美酒。

廉价的食品供应反过来又成为工商业生产增长的基础。众多大大小小的领地试图建立新的经济分支，这将为他们带来声望和利润——奢侈品如埃尔巴赫伯爵领地的象牙雕刻，陶瓷制作如萨克森的迈森，此外还有纺织业、金属加工和采矿业。然而，这些绝对增长并没有改变德意志地区仍然落后于欧洲西北部的事实。经济的决定性动力来自通向非洲、远东和美洲的长途贸易路线，以及以贸易基地和殖民地形式获取海外财富。香料和茶叶、咖啡、可可、糖、棉花或丝绸制成的热销布料等享乐品贸易能够获得高额利润，但可能会被关税抵消掉不少。荷兰和英国在同一时期率先发展出金融机构，如中央银行、贸易银行以及保险公司，这就使贸易融资和政府贷款更加容易。奴隶贸易不仅保证了可观的利润，还能以奴隶代替本地劳动力从事繁重的种植园工作。

直到 16 世纪，从海外财产中获益的主要是西班牙和葡萄牙。而到 17 和 18 世纪，这种通过直接控制领地以及获取（具体而言通过征服）海外贸易市场份额而建立起来的经济活力，转移到了荷兰和英国，以及之后的法国。此外，英国的农业和制造业生产力提高到了欧洲其他地区难以企及的水平。在德意志邦国中，只有普鲁士制订了严肃、认真的计划，希望从全球贸易的机会中获益，但也无果而终。

由于跨大西洋长途贸易，英国的工商业生产以及英国对粮食、木材和其他造船业相关产品的需求变得日益重要，德意志境内的贸易路线发生转移。莱茵河对于进口依然意义非凡，汉堡、不来梅等港口城市以及波罗的海贸易的重要性也在增长，而此前经过纽伦堡、奥格斯堡或雷根斯堡的核心贸易路线，相比之下地位已经下降。这动摇了西南地区许多小邦国的地位，它们此时面临日益增长的竞争以及相对衰落。与此相反，莱茵河畔、萨克森和威斯特伐利亚的工商业地区地位得到提升。

从绝对意义上讲，尽管战争频繁，但各地的经济回旋余地都在增加，这反映在波茨坦、柏林和维也纳奢华的宫殿建造，德累斯顿改建为"易北河上的佛罗伦萨"，以及数量众多的冬宫、夏宫和娱乐宫殿的建造。许多教堂、修道院也和市政厅与城市中央广场一样，以华丽的巴洛克风格进行重建、扩建或新建。由此给人民带来的负担可想而知。但总的来说，不仅是统治者和上层阶级，普通百姓的生活水平也都得到了改善。

与此相对，政府担心的是他们认为生产力不足的那部分人口。其中包括社会最底层的乞丐、流浪汉、流动艺人或"吉普赛人"，这些人要么被逐出领地，要么被关押在劳动改造场或运送到人口稀少地区，训练成听话的劳动力。而对那些无辜陷入贫困者则提供支持，乡村、城市、教堂或其他各级统治者要对此负责，其中有些还得到了君主的支持。

另一个面临问题的群体是僧侣和修女，他们在天主教领地相对数量众多：他们（至少从官方来讲）对人口增长毫无贡献，如果他们属于不承担心灵抚慰、教育、照料病人和贫穷人口等任务的纯粹的冥想修会，则他们自己也不从事任何有益工作，反而只从教会产业中获益，而这些教会财产——例如农业生产收益——都不用缴税。因此，世俗天主教邦国开始加紧思考对这些宗教人员的改革。此外，一些统治者认为，通过禁止犹太人拥有土地或开办手工业企业，而将他们排除在从当时的经济理论角度看来特别具有生产力的职业之外，是不明智的。为改变这种状况，部分领地实施宗教宽容政策，允许犹太人进入除贸易和金融之外的职业，并在某些情况下允许他们上大学。这种（有限的）宽容也是有前提条件的，例如接受德语或文化融合。此外也有另一部分邦国坚持此前的宗教禁令。

领地之间除了政治、军事和经济竞争外，还有文化竞争。对于较小的领地而言，在这方面更有机会通过各种方式脱颖而出：通过建设享有盛誉的大学，例如哥廷根在 18 世纪发展成为学术中心；通过招募英才选贤任能，例如萨克森的魏玛公国邀请到著名文学家约翰·沃尔夫冈·歌德（1749—1832）；通过创造自由的思想氛围吸引出版商，例如萨克森的莱比锡或自由城市法兰克福；或引来世界著名作家，例如环游世界的格奥尔格·福尔斯特（1754—1794）。这些措施通过图书和不断增多的文化与政治类杂志等各种印刷媒介进一步传播，影响范围远远超出了各个邦国。此外还有学院和王侯们本身的竞争，这些竞争有时是通过他们自己的文学和艺术作品呈现在公众面前，例如普鲁士的腓特烈二世以出众的才华被人熟知。众多宫廷和城市间的竞争导致18世纪的德国大地上发展出一片热闹的学术气氛。天主教和新教世界之间的界限虽然依旧不可小觑，但随着启蒙思想的吸引力，某些东西正在悄然改变，这也体现在新教领地开始引入格利高里历。

最后，领地间的竞争还体现在内部管理方面。18世纪下半叶的改革绝对主义君主们希望，通过一套为其量身定制的官僚机构和按照统一规则进行审判的司法机构，来直接统治所有臣民。这对于贵族、行会等阶层群体的权限以及各个地区的特殊权利都构成了打击。普鲁士君主们就成功地遏制了诸侯的自由，并通过《普鲁士普通邦法》（1794）推行了原则上适用于全国的法典。由于普鲁士占领的西里西亚属天主教地区，其宗教多元性增强并受到包容，对于强调反宗教的腓特烈二世来说，这充其量只能算是有限的让步。而约瑟夫二世为哈布斯堡王朝制订的计划才堪称大刀阔斧，其中包括修道院国有化，教区边界按国家边界划定，并规定了尽可能节约资源的生活方式。不过，这一改革计划遭到荷兰和匈牙利的哈布斯堡家族领地的强烈反对，被迫中断。

尽管上述统治者进行了具有诸多进步因素的深远改革，但其中都没有考虑民众对于君主决策的影响，这种影响超出了官僚机构的机密建议或接受公开发表建议的范畴，后者的发布和传播或多或少地受到严格审查。

［ 四 ］

大革命时代与德意志联邦

1789 年，法兰西王国被迫召集三级会议以应对财政危机，三级会议由教士、贵族和所谓"第三等级"（即经济独立的男性市民等级）自行选出的代表组成。然而，这次等级会议受启蒙运动中的社会和权力理论影响，宣布成立"国民议会"，国民议会有权从根本上改革宪法，并以书面形式予以确定。革命早期的措施可以说是在此之前君主们制定的种种改革方案的进一步发展，只是更具参与性：废除阶级特权，教会财产国有化，停止宗教歧视，解散行会，消除法律或税收上的地区差异，以及将国家领土系统地划分为行政区，这些都是封建君主及其官僚机构也想要达到的目的。因此，德意志方面对法国大革命最初反映较为积极。随着国民议会与法国君主、巴黎与法国其他地区、教会与国家，以及各阶级各党派之间出现越来越多的暴力对抗，自 1789 年夏季开始，越来越多的人越过国界逃出法国，其中一部分在科布伦茨加入了一支反革命流亡军队。

这一外部威胁加之日益加剧的内部政治极端化，共同导致了革命中的法国于 1792 年向神圣罗马帝国宣战。而此时的法国国王路易十六（1754—1793），暗地里却希望法军战败，这样才有望恢复他的君主专制。上述意图败露之后，他被罢免并于 1793 年遭到处决，而法国已于 1792 年 9 月宣布成为共和国。

在帝国内部，奥地利和普鲁士之间的对抗因维护君主专制的共同利益而短暂地退居第二位。但他们组成的干预军队面对的却是这样一个国家，那里充斥着革命的热情和对异议者的残酷镇压，使得大规模军事动员并非难事。法国军队不但没有撤退，而且一路向东推进。自 1795 年起法国控制了莱茵河西岸地区，同年普鲁士退出战争，主要目的是先稳住其于 1793 年和 1795 年从瓜分波兰的行动中获得的领土。

1797 年，奥地利也承认法国对莱茵河边界的主张，并根据 1803 年通过的《帝国代表团会议总决议》开始对德国领土进行根本性的重组。根据该决议，失去莱茵河以西领地的诸侯可以获得补偿，他们将得到世俗化的宗教领地和被剥夺直辖市地位的世俗领地。帝国修道院、骑士团领地和帝国直辖市从帝国政治地图上消失。皇帝批准这一违反帝国法律的决议，直接触及三位选帝侯的利益，这预示了帝国的终结：1804 年弗兰茨二世

（1768—1835）宣布成为奥地利帝国皇帝，1806 年他摘下了神圣罗马帝国的皇冠。

这一新秩序符合较大的世俗诸侯在领土扩张方面的利益，也符合开明的官僚机构对合理组织且全国统一的统治结构的要求。自 1799 年开始，与法国合作的意识形态障碍大大减少，拿破仑·波拿巴（1769—1821）在那里建立了一个通过全民公投而合法化的政府，但它同时也与统治者个人密切相关。拿破仑政府在 1801 年与教廷签订的政教协约中规范了与天主教的关系，1804 年拿破仑加冕为法国皇帝，法国成为世袭君主制。

这一发展变化带来的后果在不同区域间存在很大差异。莱茵河西岸所有地区在 1797 年至 1813 年间事实上已归属法国。在这场轰轰烈烈的革命中，它们直接经历了激烈的反教会政策，这些做法在当地整体上并不受欢迎，但它们同时也从迁徙自由、职业自由、结束宗教歧视、现代化的民法以及陪审团制度等当中受益。它们经历过法国军队在此驻军，并且要承担法国兵役义务，其征兵规模每年都有波动，好在这里直到 1813 年都不再成为战场。在拿破仑公投称帝过程中，它们成了全法国最忠诚的那部分支持者。这种总体上较为正面的经历，促使在拿破仑统治下进行了现代化改造的法国法律，在 1815 年之后仍继续作为莱茵法律在这一地区适用，直到被德意志第二帝国制定的法律所取代。

在莱茵河以东的德意志南部和中部地区，一些长期稳固的王朝统治着经过重新组合的领地，其范围通常都比过去大大增加。神圣罗马帝国灭亡后，大多数邦国的地位都得以提高，例如巴伐利亚、符腾堡和萨克森成为王国。1799 年至 1813 年间，德国南部、波希米亚、萨克森成为法国和不断变化的反法同盟之间的核心战场所在地，直到 1806 年，法国边界以东的潜在权力真空才随着法国主导的莱茵联邦成立而得以填补。为了应对征兵份额和征收军费的负担，莱茵联邦的各邦国在行政管理、税收体系和法律方面进行进一步的改革，1808 年巴伐利亚州也制定了宪法，但并未付诸实施。

德意志西北部虽然也经历了一番领地重组，但在 1795 年之后的战争中最多也只是间接受到影响，只有汉诺威例外，它在 1803 年作为英国领地先后被法国和普鲁士占领。随后情况发生变化，1806 年普鲁士在俄奥联军战败后试图对法国下手，但遭遇失败。普鲁士不但未能如愿扩大汉诺威的领土范围，反而丧失其易北河以西及原波兰地区的全部领地。面对如此困境，普鲁士力推改革举措，例如集中政治决策权、废除农奴制度、推行军事现代化、实施有限的城市自治，并于 1810 年在柏林新建一所大学，以此为重新崛起创造制度、经济和文化的先决条件。

包括 1803 年升级为选侯国的黑森—卡塞尔在内，原属普鲁士和汉诺威的德意志北部地区于 1807 年重组为伯格大公国（首都杜塞尔多夫）和威斯特伐利亚王国（首都卡塞尔），均由波拿巴家族成员统治。1811 年，法国吞并了从北海沿岸直至南部的明斯特和奥斯纳布吕克、西部的汉堡在内的广大区域，以对英国的大陆贸易政策实施封锁。由此，德意志北部地区牢牢控制在拿破仑同盟体系之内。

出于切身利益和对权力关系的现实考量，大部分德意志领地在此期间持中立或亲法政策，而哈布斯堡家族统治下的奥地利帝国则坚持与法国的扩张进行反复对抗（1793—1797，1799—1802，1805—1806，1809），直到 1810 至 1812 年间的最后一次失败之后，它转而加入了拿破仑的侵俄同盟。由此，所有德意志邦国全部参与 1812 年进攻俄国的拿破仑"大军团"（Grande Armée），为此它们不得不大量招兵买马。

不过，这些德意志邦国的态度对于法兰西帝国的命运并未起到最终决定作用。胜败的关键在于俄国背后拥有英国的财政优势，英国此时控制着欧洲内部以及通往欧洲大陆的全球贸易往来；其次是英国的议会制政府体系，它能比法国及其盟国更好地动员起国家财政资源；此外俄国在军事上未受损伤，沙皇亚历山大一世（1777—1825）早在 1812 年之前就已做出决定，以大范围国土遭受暂时性损失来换取军事实力的完好。由于拿破仑统治的欧洲大陆无法向英国控制的海上霸权发起挑战，以及他在 1812 年的侵俄战争中痛失大约 60 万大军，自 1813 年起越来越多的盟国转变立场，在中欧地区盛极一时的拿破仑体系于 1813 至 1814 年间逐步走向瓦解。

面对此情此景，普鲁士率先行动，呼吁"德意志民族"团结起来，动员广泛力量反抗法国及其盟国。这一时期的决定性历史角色除了沙皇与英国政府之外，还有奥地利首相梅特涅（1773—1859），他认为俄国代替法国成为中欧地区的主导力量才是真正的危机。因此，1814 年夏季至 1815 年春季在维也纳举行的和平谈判目的也在于，在欧洲大国间建立起稳固的领土秩序，在各国的历史合法性和现实诉求之间寻求折中的解决办法。

1813 年与法国脱离关系并加入俄国—普鲁士—奥地利—英国四国联盟的那些国家，领土得到保证。此时共有 41 个德意志邦国得以幸存，包括奥地利帝国、普鲁士、巴伐利亚、汉诺威、符腾堡、萨克森五个王国，以及一些很小的邦国，如列支敦士登、黑森—洪堡、安哈尔特—科腾。这些邦国此时拥有完整的独立主权，它们是 1815 至 1866 年间德意志地区政治上的决定性力量。其中除不来梅、法兰克福、汉堡和吕贝克四个自由城市之外，其他全部为君主制国家。

鉴于此前曾做出的种种历史承诺，德意志北部和莱茵河西岸地区的领土秩序依然存在争议。普鲁士领土向西转移，在西部获得了莱茵兰和威斯特伐利亚两个面积庞大且相互毗连的地区，但其与东边的王国核心地区仍然相隔开；在北部获得了原属瑞典的波美拉尼亚；而在东部则失去部分领土，这些地区被划给了沙皇俄国统治下的波兰王国。另有其他部分莱茵河西岸领土归属了黑森—达姆施塔特和巴伐利亚。法国的长期盟友因地理位置而成为法国对外扩张的首批牺牲品。

与此同时，奥地利领土则向东、向南转移。作为西部领土损失的补偿，它获得了伦巴第、威尼斯和达尔马提亚海岸。由此，它凭借优良的地中海贸易通道暂时成为意大利的主导力量。与领土相隔相望的普鲁士以及大部分德意志国家不同，奥地利此时拥有一个整齐划一的版图。

为保证德意志国家的安全，并解决神圣罗马帝国解体所遗留下的诸多问题，德意志联邦随之成立，其成员国有义务共同抵御外敌入侵，为此它们还在美因茨和拉施塔特建立起联邦要塞。联邦保证其成员国公民的如下权利：可在联邦领土范围内购置地产并可供职于任何德意志邦国；在联邦范围内迁移无须缴纳税款；不因信仰《奥格斯堡宗教合约》确定的任一教派而遭受歧视。此外还承诺在各邦制定"等级代表宪法"（landständische Verfassungen）。联邦为较小的邦国设立第三审级的联合法院，但没有为整个联邦设立最高法院。

德意志联邦的核心机构是由各邦国公使受命参加的各国公

使大会，它在奥地利"主席团"主持下于美因河畔法兰克福举行，必须就所有重大问题做出一致决定。除各国公使外，参会的还有丹麦国王代表（代表荷尔施泰因）、英国国王代表（1837年前代表汉诺威）以及荷兰国王代表（最初代表卢森堡，1839年起代表林堡）。而1803年尚不属于奥地利帝国、普鲁士王国以及之后才成为其领土的地区，不属于德意志联邦，相应地也不属于其安全保护范围。

维也纳大会刚结束，德国便遭遇了严重的经济危机。1812—1815年间连年征战已经造成大量人口损失，贸易路线中断，部分地区出现食物供应短缺。1816年，印度尼西亚发生剧烈火山喷发，造成气候异常，庄稼严重歉收，因此导致饥荒，并使人们对其他产品的需求暴跌。不过随后几年的经济状况持续向好发展。人口出现增长，城市的扩张反过来刺激农业在日益广阔的范围内出现商业化。拥有大量成员的各地农业协会发布了许多关于改进种植技术的建议。其中包括农业化学的创新，例如曾在吉森和慕尼黑任教的化学家尤斯图斯·冯·李比希（1803—1873）。不断提高的农业生产力导致农村劳动力出现剩余，进而引起区域间的人口迁移，例如去往修建堡垒或铁路的大型工地，或由于纺织工业机械化和金属加工技术创新等新的工业生产方式而产生大量劳动力需求的地方。与此同时，贝尔吉施地区、鲁尔区以及萨克森的一些城市迅速发展。蒸汽轮船被引进并航行于大河之上，例如 1815 年对国际贸易开放并取消关税壁垒的莱茵河；铁路也于 1835 年开始修建，它们不仅使贸易和交流更加便利，还促进了对煤炭的需求，鲁尔区的煤炭开采日渐兴盛。

在各个德意志地区，此时也出现了工业化进程，正如此前英国、法国和荷兰所经历的那样，人们由此面临日益融合的市场，但同时面临邦国林立带来的重重关税，以及货币、计量单位、贸易规定等不统一造成的缺陷。为改变这一现状，各邦国从 1820 年开始就结成关税同盟进行谈判，希望在同盟内部实现无关税的商品交换。一开始，他们达成了区域性联合，并于 1834 年结成《德意志关税同盟》。到 1842 年，奥地利以北、汉诺威以南的所有德意志邦国均已加入该同盟。1854 年汉诺威和奥尔登堡也加入其中。在此过程中，普鲁士将自己的财政利益放在一边，以支持各邦国实现更强大的经济一体化以及对外部的贸易保护政策，促进德意志地区的工业发展。这一政策也从侧面反映出，汉堡、不来梅和吕贝克这些贸易城市以及梅克伦堡这样的农业出口国，对关税同盟敬而远之。从经济政策的角度来看，关税同盟形成的统一市场与德意志联邦同时存在，成为一个重要的起点。关税同盟对外以整体形象现身，例如在 1851 年的伦敦世界博览会上。

虽然大部分德意志邦国在经济上联系越来越紧密，但在政治领域的差异却越来越明显。德意志南部各邦国在 19 世纪 20 年代相继颁布了议会制宪法。在这些"民主国家"，由富裕阶层选出上议院议员，与下议院的贵族阶层代表们共同参与立法程序，并决定国家预算，但对政府的人员组成没有影响。其结果是，主张节省国家开支的议员们和主张扩大国家开支尤其是军事开支的皇室成员之间产生了结构性冲突。此外还出现一种保持旧的社会结构的趋势，例如在某些城镇保持行会制度、市民权和居住权等，以及议会对新闻自由的支持，尤其是对议会辩论相关的新闻。这些新闻在其他邦国传播，又会进一步对那里产生影响。

而在其他所有邦国，君主制官僚主义统治秩序依然如故，地方层面依然设置"等级代表"（Landstände）。这是由于奥地利因激进的反对派运动而加剧了对革命的恐惧，这些运动在德国的大学生中也赢得了大量支持者，并在意大利引发了革命的尝试。运动参与者们试图重建法国大革命之前的社会状态，他们要求恢复德意志传统，或重新讨论 1815 年经过艰难谈判建立起的边境秩序——例如 1817 年的瓦尔特堡集会上就曾提出这些要求，而这有可能使国家重返战争状态，并从根本上危及社会秩序，尤其是当个别学生社团的支持者为达到其目的，试图对作家、政客和君主实施暗杀。

与奥地利相反，普鲁士对于修改维也纳秩序，特别是在领土划分方面确实颇有兴趣。直到 1820 年，普鲁士才开始反对国家议会化，因为政府担心议会对其经济改革计划进行抵制。普鲁士通过一系列措施奉行经济自由主义方针，例如 1843 年在国内实行迁徙自由，以及取消行会限制。但另一方面，也存在着政治保守主义路线，希望将普鲁士变成基督教（尽可能是新教）君主制国家，并加强对犹太人皈依基督教的施压。到 1820 年，普鲁士和奥地利共同实施了围绕镇压政策的联邦宪法扩大化。学生社团遭到禁止，大学普遍受到政治监视。政治审查加剧。议会对国家预算的控制权被部分剥夺，若君主制原则陷于危险，德意志联邦有权进行内部干预。

这就造成了德意志联邦、各宪政邦国以及自由主义公众之间的根本冲突：联邦对所谓"煽动者"实施密集迫害，各宪政邦国法律规定的自由权利在联邦层面遭到部分禁止，而民众则要求新闻和集会自由，以及组建政治团体的权利。这一冲突也体现在对于国外进步事件欢欣鼓舞，例如 19 世纪 20 年代的希腊独立战争。

1830 年法国七月革命爆发后，一些向工业经济过渡较为明显的德意志地区也出现了抗议活动，一些德意志中部邦国，如不伦瑞克、汉诺威、黑森—卡塞尔和萨克森通过推行宪法等措施做出回应，其中某些宪法甚至包含了比南部邦国更为广泛的权利保障。而在德意志联邦最大的几个邦国，君主制官僚主义统治并未受到动摇，因此联邦层面的回应则是掀起新一轮镇压——尤其是 1832 年发生哈姆巴赫集会，参与者提出新闻自由、国家统一以及欧洲自由运动大联合等要求；1832 年抗议者占领法兰克福警察局并试图发动德国革命——这两次事件之后，镇压行动更加严厉，流动手工业者和各政治团体也都被盯上。受其影响，汉诺威和黑森—卡塞尔此前在宪法方面做出的政治让步也都撤销。

在 1848 年革命中，各邦国的政治、宗教、地区、经济和阶级地位的复杂性也变得显而易见。19 世纪 40 年代，由于食品价格上涨，经济形势恶化。生产方式的转变以及人口的增长在此之前已经造成贫困现象明显增多，越来越多的人为找到一份工作而疲于奔命。面对这一形势，政治回应出现严重分歧。科隆的自由主义经济精英们于 19 世纪 40 年代聘请卡尔·马克思（1818—1883）担任《莱茵报》总编辑，该报纸原本是要和普鲁士的保护主义经济政策相抗衡，但后来马克思对普鲁士官僚主义政府和投资人的批评已经严重越界。在德国天主教地区，19 世纪 40 年代的群众活动日渐增多，这些群众在政治上被视为自由主义——至少在 1848 年意大利革命运动和教皇发生冲突之前是如此。因此，在莱茵兰，对普鲁士经济政策的批评遭到天主教对君主体制中的新教特征的质疑。这曾导致 19 世纪 30 年代的紧张局势，当时的普鲁士政府想要强迫天主教放弃要求以天主教方式抚育不同教派结合的婚姻所生育的子女。普鲁士试图做出弥补，它赞成 1842 年由私人发起的完成修建科隆大教堂的计划，从而使普鲁士以外的公众信服普鲁士君主制。另一方面，一些有政治倾向的团体以及德意志南部邦国议会中的反对派则致力于提出各种政治要求，包括加强议会（希望议会可以决定政府的人员构成）、扩大新闻自由、扩大选举权以及——作为必要前提——使德意志联邦自由化。

每个邦国确切的冲突深入方式有所不同。1820 年，普鲁士法律规定新的国家贷款须经中央议会审批。1847 年，普鲁士当局为了修建一条铁路线而竭力试图规避上述法规，为此它召集了由州一级等级代表组成的"联合州议会"，但最终徒劳一场。而巴伐利亚国王卷入了一场有关（据说是）西班牙舞者劳拉·蒙特斯 (1821—1861) 晋升为兰茨贝格伯爵夫人的丑闻。在奥地利，自由城市克拉科夫 1846 年的一次起义尝试失败后，该地区被吞并，并引发了一场大规模农民起义。此外，梅特涅的行政管理遭遇日益严峻的公共和内部压力。在另一些邦国，封建负担仍未完全释放，将农民土地转为私有财产的过程尚未完成，问题尤为尖锐。

1848 年春，法国又一场革命爆发，这也标志着德意志各邦国再次迎来变革的机会。在部分和平、部分威胁、部分暴力的示威活动中，由城乡团体组成的广泛联盟要求进行改革，主要包括罢免不受欢迎的部长、承诺在扩大选举权的基础上重新举行选举、限制或废除政治审查以及 / 或者成立制宪大会。

这些发生在各邦国的革命由于其复杂性而难以概括地描述，但它们却具有决定性意义，因为各邦国对于政府和军队的控制都做出了新的决定。简而言之，大多数君主都准备在 3 月份满足革命者的所有要求——这样做其实更容易，因为此时大多数人既不要求废除君主制，也不要求从根本上重建社会秩序。尤其是对农村居民的让步，在很大程度上满足了这一数量最大的居民群体的期望。

但革命却加剧了政治上的不安定性，从而导致商业经济崩溃。到夏秋时节，许多大城市发生了第二波示威或起义。这些行动具有很大争议，它们的目的是更加强烈地对国家进行社会政治干预。这些要求将此前很大程度上团结一致的反对派分裂为两个派别：自由派希望选举权仍与财产挂钩，且旨在释放经济活力；而另一个激进、民主、社会主义或共产主义派，则希望获得男性普遍选举权，均衡财产关系，并呼吁进行社会革命。对此，已在许多地方接管了政权的自由派以镇压方式做出回应。几乎同时，天主教运动也面临自由派立场与罗马教皇立场之间日益加剧的矛盾。

1848 年年初，军队在革命中的可靠性出现摇摆。士兵们通常来自乡村，原则上他们拥护君主制。这一年，他们的思想与革命立场逐渐疏离，这为复辟转折奠定了基础。只有萨克森、巴登和莱茵普法尔茨的共和运动明确得到了军队保护，但这些运动很快遭到普鲁士军队镇压。

革命的第二阶段旨在将德意志联邦转变成由议会控制的帝国政府。这一过程是在春季由德意志联邦推动的，目的是为了向革命者做出让步。这些让步还包括将黑、红、金三色作为联邦国旗颜色，以及将联邦边界扩展到整个普鲁士领土。5月，选举出国民议会作为联邦国会，并在法兰克福的圣保罗教堂召开大会。议会建立了一个临时中央管理机构，但它既不拥有税收权力，也不掌握军队。国民议会就德意志人民的基本权利进行了旷日持久的辩论，自秋季开始才转而关注未来的德意志国家的制度构成。国民议会提出了一个联邦制帝国的构想，由于奥地利对此表达了反对，帝国将由其他所有德意志邦国组成，并由普鲁士国王作为世袭皇帝。国民议会拒绝与其他任何民族运动的合作，并宣称：帝国领土也包括波兰和丹麦民族所主张的地区。为了避免与俄国和英国发生冲突，普鲁士决定于1848年9月终止为了夺取石勒苏益格而发动的对丹麦的战争，但这一决定在圣保罗教堂遭到强烈批评。由于各邦国缺乏统一国家的热情，且普鲁士国王决定不接受皇帝之位，德意志的统一大业最终失败。但普鲁士的态度是矛盾的：这个所谓的"小德意志方案"在普鲁士看来的确颇有好处，它能确保普鲁士在德意志邦国中占据统治地位。人们试图通过在埃尔福特举行第二次议会会议并制定一部更为保守的帝国宪法来实现这一目标，但由于奥地利和俄国的联合施压以及一些中部邦国日益强烈的质疑而失败。

1851年，德意志联邦恢复原状，并不出所料地再次掀起了对反对派运动的迫害。民主运动或社会主义运动的代表人物或被监禁，或纷纷加入逃亡队伍，出于政治和经济原因离开德意志国家去往瑞士、英国，尤其是美国。持自由主义立场的代表人物虽然不必逃亡，却也不得不低头顺服。

与这种整体形势相对的是，在各个邦国内部出现了某些显著变化。普鲁士此时是一个宪政国家，并拥有广泛的男性选举权，虽然其需要按财富划分比例。合法选民被划分为三个阶级，他们缴纳相同的税款，但富裕阶级的成员可以监视较贫穷阶级投票。新闻提前审查制度被另一种体系所取代，政府通过向媒体做出部分妥协，同时对违禁出版行为追究刑事责任，以此进行整治。在某些邦国例如巴登，绝对自由主义政府上台执政。19世纪50年代，建立社团和组织政治活动的自由空间整体上有所扩大。

在普鲁士，向议会制的过渡严重限制了君主权力。由于工业化的经济效果，三级选举权增加了成功企业家以及部分受过教育的市民阶级——大多具有自由主义思想的群体——的影响力。19世纪60年代初期，普鲁士政府和议会的矛盾日益尖锐，以至于议会拒绝批准政府预算。在此情况下，王国任命准备抛开宪法行事的奥托·冯·俾斯麦（1815—1898）出任首相。这为打破自 1815 年以来决定中欧政治秩序的框架条件埋下了伏笔。

[五]

第二帝国

19 世纪 60 年代初，德国的政治秩序再次发生改变。克里米亚战争（1853—1856）爆发后，法兰西帝国、大英帝国、奥斯曼帝国、撒丁王国一方与俄罗斯帝国一方展开了旷日持久的争斗，这为欧洲各国的边界改变创造了空间。撒丁王国在法国支持下通过占领或公投等形式接管了其他意大利邦国，并于 1859—1861 年成为统一的意大利王国。意大利的这一系列轰轰烈烈的动作，与德国希望通过改革德意志联邦来建立更加强大的集权化国家的漫长争论过程形成鲜明对比。1861 年，第一部由德意志联邦共同立法的法律《普通德意志商法典》终于完成，但《著作权法》和《专利法》依然停留在投票表决过程。

　　1863—1866 年间，联邦内拥有决定性力量的两大邦国在其政治立场、合法性战略[1]和（伪装的）目标方面发生了数次转变。

---

1. 指保证各邦国在联邦内的合法独立存在——译者注。

1863 年 8 月，奥地利试图通过在美因河畔的法兰克福举行由各邦国君主和城市邦代表亲自参与的对话，促使德意志联邦发生改变。其目的是使联邦不必在任何决议上都达成一致，从而提高行动能力。此外还提出扩大联邦核心机构，举行由各邦国议会代表参与的大会，以提高邦国的合法存在性，避免直接选举出的联邦议会危及各邦国的完整主权。由于普鲁士抵制参与所有谈判，该提议以失败告终。但到了 1863 年冬，普鲁士却又站在了联邦背后，它与奥地利、汉诺威共同达成一项针对丹麦的联邦决议，并占领荷尔施泰因，以阻止石勒苏益格和荷尔施泰因并入丹麦 [1]。这一军事行动随后扩大到（不属于德意志联邦的）石勒苏益格。1864 年由原本执行联邦决议演变成普鲁士和奥地利对丹麦的联合战争，丹麦迅速战败。多数邦国以及社会大众希望由联邦大会决定这两个公国的前途命运。两地都倾向于将自己交由弗里德里希·冯·奥古斯滕伯格（1829—1880）统治，他主张继承丹麦王位。普鲁士和奥地利认为，作为大国，它们不受联邦法约束，而受国际法约束，因此遵守 1852 年的伦敦协议，该条约承认丹麦国王克里斯蒂安九世（1818—1906）的继承权。1866 年，由于普鲁士显然有意吞并石勒苏益格和荷尔施泰因，

---

1. 两地历史较为复杂，它们都由丹麦君主统治，但部分又属于德意志联邦，有关细节可参考关键词"普丹战争"——译者注。

奥地利再次改变立场。它联合其他德意志中部邦国，试图以武力威胁普鲁士（此时已与意大利就同时发动对奥地利的战争达成协议）承认联邦的立场，但最终失败。奥地利在意大利取得一些战役的胜利，但同时在科尼格拉茨战役中明显败给普鲁士，双方迅速推进和平谈判，因为无论普鲁士还是奥地利都不想因为长期战争而导致法国介入。奥地利放弃威尼托，接受德意志联邦解散，以及普鲁士吞并汉诺威、黑森—卡塞尔、拿骚、法兰克福和黑森—洪堡。除了 1850 年获得的霍亨索伦依然属于飞地之外，普鲁士此时已拥有面积广阔且整齐划一的领土。而奥地利却面临宪政危机，这一问题在奥地利将其内政分割为奥地利帝国和匈牙利王国后，非但没有解决，反而产生了叠加效应。

普鲁士与其他 21 个北部和中部邦国组成一个北德意志联邦，这与普鲁士的联邦改革思想相对应。北德意志联邦也是由原则上拥有主权的君主和自由城市组成的联合体，其成员可以继续向外派遣使团，尽管他们实际上并没有这么做。普鲁士凭借其大约 80% 的人口占比，在联邦内拥有压倒性的主导权。实际上外交政策掌握在普鲁士政府手中，普鲁士总理同时也是北德意志联邦总理。

联邦参议院取代联邦议会，由各邦国代表组成。其中普鲁士只占有所有选票的 40%，能够阻止议案达成但又不构成操控。此外还根据 1849 年由圣保罗教堂议会颁布的《帝国选举法》选举产生帝国国会。所有拥有固定住所且无须领取贫困救济的25 岁以上男性公民均享有选举权。他们从各个选区选出议员，议员需获得绝对多数票才能获胜，某些情况下需要进行二次投票。而此时的德意志关税同盟，尽管包含众多在政治上拥有完全主权的德意志南方公国及卢森堡，也迫于普鲁士压力组成了议会。其中北方成员与帝国国会议员属同一批人员，南方成员则以同样的选举方式从专门为此划分的各选区选举而来。

联邦的任务是，通过重新编纂各领域法律（即继续推进此前联邦议会已开始的立法项目）以及统一货币、计量单位而使贸易和交通便利化。此外出于商业和军事的双重考虑，继续扩建铁路、邮政和电报网络。协调军事和海运，使其在战时服从普鲁士最高统帅，以实现北德意志强权政治。保证联邦境内所有邦国之公民享有平等的公民权利和政治权利，但暂且没有制定共同的社会福利政策：贫困救济仍由所在地的地方政府负责，合作救济保险由各邦国法律予以规定。联邦既不拥有中央行政权也不设立共同法院。针对第三国公民的警察、教育、宗教、文化、科学、移民、入籍等政策，以及对各邦国宪法规定的基本权利的保障，均不属于联邦事务。联邦的财政基础包括关税收入（由于 19 世纪 60 年代向自由贸易过渡，关税收入较低）、某些消费税和邮政获利。土地税或所得税只有各邦国有权征收。

由于普鲁士政府对联邦的立场变化无常，且一方面在联邦推行广泛选举权，另一方面又坚定地捍卫普鲁士君主制，因此北德意志联邦在政治上很难归类。在普鲁士，军事的成功、领土的扩张、邦国间更紧密的结合、民主参与的扩大、君主的罢免等因素相互交织，使持自由主义立场的反对派分裂，并使政府和议会以妥协的方式结束了宪法冲突。自 1862 年起，政府认定其违反宪法，但议会又批准对其免予惩罚（给予豁免权）。

在德意志南部、一些新的联邦成员国以及被普鲁士吞并的地区，北德意志联邦在很大程度上不受欢迎，其重要原因在于加入联邦对个人而言意味着必须服兵役。

随着权力重心转向普鲁士，法国也开始考虑如何加强自身地位。由于北德意志联邦阻止将卢森堡出售给法国，1870 年法国政府利用西班牙霍亨索伦家族中的天主教旁支可能继承王位一事，故意挑起外交冲突。普鲁士方面也故意任由事态升级，导致法国于 1870 年 7 月 19 日对北德意志联邦宣战。这场战争显示出北德意志联邦的军事优势，它凭借精确的规划部署、最先进的技术装备以及严格的纪律，迅速赢得了决定性战役，战胜了当时被视为欧洲大陆领先的军事力量。但同时也表明，依靠全国大规模动员的战争很难轻易结束。1870 年 9 月 2 日，拿破仑三世（1808—1873）投降，导致冲突转变为一场共和派的人民战争，军民之间的界限变得模糊，直至 1871 年 1 月底才实现停战状态。

法国宣战促使德意志南部四国与北德意志联邦结盟，并共同取得战争胜利，这为北德意志联邦扩展为德意志帝国提供了契机。普鲁士国王以德意志皇帝的身份统领帝国。这一历史性改变由占据凡尔赛宫的德意志司令部发出。帝国基本上采用了北德意志联邦的宪法，但降低了普鲁士的相对影响力，其包括1871年吞并的阿尔萨斯—洛林帝国直辖领在内，共占有帝国欧洲部分大约64%的人口，并拥有帝国参议院超过30%的票数。

1871年后，帝国的外交政策全都围绕与法国的对抗，几乎所有法国政治阵营都将阿尔萨斯—洛林的回归视为核心目标。而俾斯麦执掌下的帝国，也不遗余力地通过与其他国家的结盟在外交上孤立法国。在此过程中，德意志帝国向各国许下种种一旦发生冲突就相互矛盾的诺言。例如它曾许诺，既支持俄国又支持奥匈帝国，而这两国陷于奥斯曼帝国遗留问题的争端中，在东南欧有直接竞争关系。德意志帝国决定，自1884年起加入殖民地竞赛，并在东非、南非、西非以及亚洲建立所谓"保护区"，最终包括大约1500万居民，而与此矛盾的是，它在各国瓜分非洲势力范围的过程中努力扮演中立的调停者角色。威廉二世（1859—1941）在位时期，俾斯麦被解职，帝国试图摆脱各种相互矛盾的同盟义务。同时它继续依靠表态性的大国政策，希望为德国谋求更多利益和权利。其结果是与欧洲大国发生一系列冲突，包括与法国就地中海南部贸易管制的冲突，与英国就德国海军舰队规模和非洲殖民政策的冲突，与俄国就贸易政策和东南欧的未来问题的冲突。最终，帝国与俄国和英国渐行渐远，而与哈布斯堡王朝和奥斯曼帝国越走越近。

在经济方面，帝国经历了显著的繁荣。1871—1901年间，其欧洲部分的人口增长了将近60%，达到大约6500万，其中多数为城市人口。一些经济领域在帝国全球领先的高等教育体系和工业生产之间建立并拓展紧密合作，发展得极为成功，例如化学和制药工业（巴斯夫、拜尔、赫司特）、电子工业（西门子），以及钢铁制造和加工工业（克虏伯、蒂森）。帝国的远洋航运不断增长，例如赫伯这种规模的公司[1]，凭借其高度现代化的客轮，逐渐可与昔日主导大西洋和太平洋贸易的英国、美国船运公司相抗衡。普鲁士一方面努力限制来自东欧的移民入境，尤其是从19世纪80年代起，同时另一方面试图将来自俄国的移民通过德意志港口引向美国。

在一些国际紧密联系的工业领域中，产生了一种专门化趋势，即专门生产具有国际竞争力、面向国际市场的具有高技术要求的产品。随着1870年德意志银行成立，帝国也建立起一个国际金融服务供应商，但伦敦的一众金融公司对于德国对外贸

---

1. HAPAG，全称"汉堡－美洲行包航运股份公司"，是一家创立于汉堡的大西洋航运公司，曾连续建成多艘世界最大的客运邮轮——译者注。

易中的金融清算和保险业务仍然保持核心地位。

在农业方面，通过系统使用肥料、引进新品种和使用更高效、部分机械化的设备，也大大提高了生产率。这就使大量人口从东部农业地区迁往西部工业区，或者移居海外。但随着帝国境内生活水平的提高，向外移民的规模有所下降。德国农业的竞争力不及其工业。由于俄国、美国和加拿大通过修建铁路进行了国土开发，以及冷藏车厢和冷藏货船的投入使用，德国农业面临更加严峻的挑战。鉴于工业和农业不同的利益状况，1879 年帝国做出提高关税的决定可以视为一种信号，即政治保守主义的贵族大地主们，比那些对全球自由贸易感兴趣的、政治自由主义的市民阶层企业家、银行家和商人更能左右帝国政府。1888 年汉萨同盟城市加入德意志关税同盟，作为补偿，它们被允许在关税同盟以外的地区经营自由港口。

经济大繁荣也导致了社会关系的紧张。在工会中日益组织起来的工人阶级经常与雇主发生激烈冲突，从而导致长时间的罢工。政府通常都站在雇主一边。此外自 1873 年股市大面积暴跌之后，金融系统的动荡引发经济危机。经济高潮使人们得以在短时间内获得巨额财富，关于其合法性引发了激烈讨论。生产和经营的现代化也使部分手工生产和零售经营陷入困境。尽管如此，居民实际收入整体上升，这也反映在预期寿命的增长上。城镇生活设施的改善，例如水、电、气俱全的住宅、完善的排水设施、扩建的动植物园、新建和扩建的博物馆与剧院、方便的有轨电车等，使（逐渐联网化的）城市和（相对落后且部分隔绝的）乡村之间生活舒适度的差距进一步扩大。医疗条件的改善和污水净化使 1830 年以来时常暴发的霍乱疫情得以终结。1892 年霍乱最后一次暴发，仅限于汉堡，且没有波及阿尔托纳区，这清楚地表明这座城市落后于当时的医学知识和技术水平。

帝国的文化发展是否与其科学技术活力保持同步，在当时就存在争议。文化前卫的观念与传统的或折中的国家形象品味形成鲜明对比，市民的城市生活方式受到生活改革运动的强烈批判，这些运动寻求回归"自然"或转向替代性的居住方式、工作方式和生活方式。然而仔细审视的话，当时的多样化程度其实很高。例如皇帝威廉二世利用电影等新媒体传播传统的君主形象，巴伐利亚国王路德维希二世（1845—1886）建造了一个电子照明的童话世界，这与黑森—达姆施塔特、萨克森—魏玛、萨克森—迈宁根等君主的偏好以及慕尼黑世纪之交的美学现代性的艺术氛围形成对比。

邦国长期分治也使帝国内部政治具有差异性。在黑森—达姆施塔特，人们可以庆祝五一劳动节等一些节日，而在普鲁士却被禁止。在巴登，自 1900 年起女性可以上大学，而普鲁士到 1908 年才准许。各邦国对其议会选举的选举权的规定也各不相同，有的相对平等，凡成年男性或男性纳税人均有选举权；有的如普鲁士，则必须通过其三级选举权制度成为富裕阶层才能拥有。普鲁士奉行针对波兰和丹麦的语言同化政策：1885 年，普鲁士下令将来自东部邻国的移民大规模驱逐出境，此后又要求来自这些国家的工人每年必有几个月返乡停留。与此相对，其他邦国的移民政策则主要考察移民者的个人经济潜力。

自 1869 和 1871 年以来，所有德意志邦国都赋予土著犹太人以公民平等权利，但各邦国政府对外来犹太人移民及其入籍的态度却有所不同，其中南方较为宽容，而北方的普鲁士极其严格。在民主参与方面，各地区也存在巨大差异：南方城市地区实现了民主、合法且拥有相对广泛权限的自治；北方普鲁士城市虽然也可以自治，但受到中央政府严格控制；而在普鲁士东部乡村地区，地方贵族同时掌管着司法和行政。

这些政治上的差异还与新教和天主教地区的对立相叠加，尽管地理上的流动性一定程度上增加了城市的宗教多元化。通过在郊区新建大量教堂，对居民的精神照料得以加强，这被解释为"二次皈依"[1]。人们普遍定期参加教堂活动，用自己的教派来确定自我身份，并与其他宗教划清界限，教派之间存在显

1.zweite Konfessionalisierung，指进一步贯彻教规——译者注。

著的冲突可能性。帝国建立之初的数年间，各邦国与天主教会之间频现纠纷，这也发生在许多其他欧洲国家，其直接原因在于第一次梵蒂冈大公会议（1869—1870）上教皇的权威加强，旧天主教派信徒脱离罗马教会。这一分裂导致各邦国不得不就如何处理其国内脱离罗马教会的神职工作人员（如军队牧师、宗教教师、神学教授）做出决定。此外，普鲁士出于实际利益而控制主教和教皇之间的联系，并在波兰语地区的宗教活动中推广德语。这些目标一定程度上与自由派要求限制教会对天主教选民的影响相一致。双方均持强硬立场，导致冲突升级，大量神职人员被监禁或驱逐出境。1875 年，帝国全境实施国家民事婚姻制度，举行教堂婚礼之前必须先登记结婚，这再次激起了天主教民众的广泛抵抗。1878 年，普鲁士政府决定做出妥协，虽然保留了一些强制措施，例如国家"文化考试"，新任天主教教士必须以德语完成该考试，但本质上承认了教会体系的自治。

犹太人地位在帝国时期有所改善，但仍没有定论。废除法律歧视使一些犹太人经济实力提升，并有机会进入媒体、科学或其他自由职业中的重要职位。但想要在政府或军队干出一番事业，可能性就要小得多。大部分德国犹太人属于帝国中的中低收入阶层。由于媒体夸大了犹太百货商店老板、大型实业家、船东或出版商的案例，加之从俄国来德意志帝国的犹太移民确实有所增加，且在官方统计中被有意夸大，因而引发嫉恨。这种嫉恨有的出于零售商和"犹太"百货商之间的经济竞争，有的则出于宗教反犹主义立场，或是社会达尔文主义观念。一个自相矛盾的现象是，犹太人时而因为过于现代化被批评，时而又因为所谓的反现代化被批评：前者主要针对那些文化上已被同化的犹太人，指责他们太会营利，后者则针对来自东欧的正统犹太移民，指责他们的传统服饰以及他们所讲的希伯来语或意第绪语。1880 年前后，帝国境内形成了一场声势浩大的反犹太运动，人们要求取消犹太人的公民平等地位，且不再将"犹太"视为一种宗教归属，而作为"闪米特人"的一部分，视为一种族群归属。虽然反犹太主义者只能够赢得少数选区，但他们的媒体影响力却不小。他们多次尝试将悬而未决的刑事案件描述为犹太人针对基督教儿童和青少年实施的"杀人祭祀"，这些反犹太主义者中包括保罗·拉加德(1827—1891)等科学家。然而，反犹太主义在德意志帝国没有被看作具有很大威胁性，它不像法国的德雷福斯事件或俄国自 19 世纪 80 年代起时常发生的大屠杀那样惊世骇俗，作为对反犹太主义的回应，产生了一场犹太复国主义运动。这场运动要求在巴勒斯坦建立一个"犹太国"，作为解决"犹太人问题"的办法之一。

帝国在内政、文化和宗教上的多元化并不妨碍其在某些方面的集权。早在和天主教会的"文化斗争"中，帝国国会颁布的法律就发挥过重要作用。这一趋势后来进一步加剧，1878 年俾斯麦试图通过在帝国全境禁止社会民主党的社团组织来阻止社会民主主义传播，直到 1890 年，自诩为社会君主制代表的威廉二世，才将俾斯麦通过帝国国会炮制的《反社会党人非常法》逐渐废除。不过，帝国的行政和立法部门也为镇压反对派设定了严格界限。取消国会议员津贴，以及国会选举制度的某些细节，最初的目的都是为了选出财务上独立自主的头面人物。但在实践中，这促使社会主义群体和天主教群体中产生了专业化组织的党派，它们收取党费，以维持本党议员的生计以及用于印刷选票。此外，绝对多数票的规定促使对推荐候选人进行大范围投票表决，从而推动了各党派间的政治融合。

尽管政党的重要性日益提高，但按规定参加竞选的仍是个人，政党在选举中从形式上并未发挥作用。因此对社会民主党团体的禁止并不影响社会民主主义的候选人，其竞选宣传活动受原则上中立的《选举法》明确保护。1907 年和 1912 年，帝国国会选举的投票率曾达到 85%。至 1912 年，社会民主党所占席位达 28%，成为帝国国会最大党团，中央党以 23% 的席位占比位居第二。自由党和保守党则在国会失势。因此，帝国及普鲁士的政策在国会长期遭到批评，例如 1885 年的驱逐出境事件，1904/1905 年针对非洲西南部赫雷罗人和那马人的种族灭绝事件，以及对待阿尔萨斯人的问题，例如 1913 年的扎本事件。而在国会之外，一个拥有众多成员以及政治上紧密联系的多个团体的极右派引人关注，他们也试图通过使用最先进的政治现代化手段，支持激进的外交政策以及海军和殖民地的扩张，其组织团体包括 1885 年成立的德意志殖民协会、1891 年成立的泛德意志协会、1898 年成立的德意志海军协会。

选举结果和国会辩论对政府的组建没有影响，对实际政策也影响甚微。首相和内阁依靠君主的信任，而非国会的多数票。帝国国会真正发挥作用的方面主要在于立法和预算，它曾限制为了扩张殖民地和扩大海军舰队而增加预算。

随着时间的推移，帝国还完成了其他更多使命。通过帝国立法，1871 年就已颁布了统一的《刑法典》。1877 年统一诉讼程序，1879 年设立帝国法院作为最高审级。1900 年，一部适用于所有邦国的《民法典》颁布生效。1884 年建立起覆盖帝国全境的工人社会保险制度（职员的相应保险制度于 1911 年建立），虽然其收费和偿付实行分散管理，但工会和社会民主党的代表可在医疗保险机构发挥显著影响。这还进一步导致帝国保险办公室的建立，其在第一次世界大战前就已负责全部社会保险业务，因此人员大幅增长。总体而言，第二帝国在 1914 年前是一个联邦制国家，其中邦国影响力较大，作为整体的帝国影响力相对很小，但由于普鲁士和其他邦国间力量极度悬殊，而帝国行政的背后往往正是普鲁士的行政意志，因此帝国的弱势角色被掩盖。

1914 年 8 月 1 日，德意志帝国对俄国宣战，8 月 3 日又对法国宣战。8 月 3 日德军还同时入侵比利时。帝国政府最初试图掩盖此事，但这很快便促使英国于 8 月 4 日参战。帝国政府以其对奥匈帝国的支持义务作为战争理由，而后者又以发生在塞尔维亚的政治恐怖主义对其产生威胁为由，在 1914 年 6 月 28 日的那次事件中，奥匈帝国皇储弗朗茨·斐迪南（1863—1914）在萨拉热窝遇害。

在同盟国中（1914 年 10 月奥斯曼帝国加入，1915 年 10 月保加利亚加入），德意志帝国无疑是最强大的一员。令人不解的是，究竟奥匈帝国只是顺势卷入了这场战争，还是有意为之地促成一场巨大的军事冲突？帝国内部秩序的矛盾被视为故意引战的动机，其工业现代化与贵族宫廷社会的主导长期互不相容，正如其活跃的民主主义与其君主所主张的个人决策权一样。自 20 世纪 50 年代后期以来，德国历史学界有一种观点逐渐占据上风，即"一战"的主要责任应归咎于柏林。

相比之下，最新研究则描绘了一幅更为细微的图像。从各国的角度来看，1914 年前后的欧洲力量平衡似乎在不断变化。当时存在一种普遍观点，即各方都认为自己的军事、经济、政治和人口地位从中长期来看将会下降，因此产生一种倾向：在下一场因巴尔干半岛领土变革而导致的危机到来时（那里 1912/1913 年已经发生过区域性战争），不能在军事对抗中做出退让。正因如此，德意志帝国的政治和军事精英们在对待萨拉热窝事件时显得如此较真，而他们那些在贝尔格莱德、维也纳、巴黎、圣彼得堡和伦敦的同行们同样较真。

然而，帝国在萨拉热窝事件之前的政治军事决策严重限制了其此时的行动可能性。除了与奥匈帝国的单方面义务之外，帝国还有一项战争计划，即对中立的比利时发动进攻，从而对法国取得有利的先发优势，以应对预期的长期战争以及来自东部的俄国的进攻。但是，帝国没有为发动长期战争而在经济和财政措施方面做任何准备。无论是军工企业的原料、巨额战争资金的筹措（帝国没有为此增税），还是食品衣物的配给、劳动人员的征召，都是到了情况紧急之时临渴掘井。

帝国根据 1870 年的经验制定的对法作战方案，几乎没有考虑到由于机关枪的使用带来的军事技术进步，使防御方具备了结构性优势。因此到 1914 年秋，在从荷兰到瑞士之间的帝国边境以西或边境之上，形成了一道几乎僵持不动的战线。在这条战线上，德国、法国、比利时、英国及英联邦军队投入大量兵力进行了艰苦战斗，但双方都未取得突破。在奥匈帝国与 1915 年参战的意大利之间的山地战线，也出现了类似情况。即使系统性地使用了重型火炮，也无法通过破坏敌方防御工事取得突破。同样，以德意志帝国为主的参战国所使用的毒气也收效甚微，它虽然导致大量士兵重伤或丧命，但从军事角度来看基本无效。

而在东欧，德意志帝国取得了很大的军事胜利。到1915年秋，帝国已经控制俄国的波兰语地区以及波罗的海诸国。在那里建立起以军队为主导的家长式政权，力求其成为一个依附于德国的波兰国家，以确保德国在该地区的领导地位。由于犹太居民被视为潜在的合作者，普鲁士决定放宽对犹太人的入籍限制。

　　同盟国在全球范围内陷入孤立。德国殖民地迅速丢失，英国通过控制北海封锁了德国进入世界市场的大门。由于民用劳动力缺乏，虽然战争开始后已禁止外国劳动力出境，补给短缺仍然进一步加剧。尽管如此，同盟国不但坚持将战争进行到底，还制造获胜的假象。1917年3月，俄国革命爆发，削弱了其军事战斗力，德意志帝国趁机火上浇油，于同年4月允许瑞士的共产主义布尔什维克党成员前往俄国，以加剧其国内冲突。1917年12月中旬，同盟国与俄国布尔什维克政府签订停火协议。在1918年2月与苏俄进行的第一次和平谈判失败后，同盟国将占领区迅速向外扩张，直至1918年3月3日于布列斯特—里托夫斯克签署和平条约。该条约以苏俄军队复员为前提，苏俄让出分界线以西所有领土主张，由此放弃了对其欧洲领土大约1/4面积的控制权。此外，苏俄承认乌克兰人民共和国独立，后者于当年1月从苏俄分裂出来。其他让出的领土——芬兰、独立的立陶宛、隶属于德意志君主的波罗的海公国以及边界和宪法未定的波兰，将由德意志帝国和奥匈帝国"与其人民协商后"进行组织。

在西线，德意志帝国的军事领导层认为，来自第三方国家的协约国补给是战争决定性问题。他们提出的解决方案是，1917 年 2 月宣布对所有战争和商用船只发动无限制潜艇战。这一决定导致美国参战，激起这一后果的除了潜艇战，还包括德国向墨西哥提出结盟建议，并许诺归还其被美国占领的领土。由此引发的力量转移使本已精疲力竭的同盟国无法招架。当装备精良的美军士兵于 1918 年到达西部战线，而德国的最后一次突破尝试失败后，最高陆军指挥部从 9 月底开始敦促帝国迅速停战。

[六]

魏玛共和国

由于战争牺牲人数众多和补给短缺，民众负担越来越大，多数人越来越不相信继续战争的意义，尤其是在有望通过妥协实现和平的情况下：一方面此时的战线已经远远超出 1914 年的帝国边界；另一方面，美国总统伍德罗·威尔逊（1856—1924）在 1918 年 1 月提出的《十四点原则》中明确要求，只返还 1871 年被吞并的领土和自 1914 年以来被占领的地区。

　　1918 年秋，就连最高陆军指挥部也突然敦促达成停战协定，帝国政府开始努力为和平谈判寻找有利的起点。1918 年 10 月 3 日，帝国政府接纳社会民主党议员进入内阁，开始向议会君主制过渡。在美国和社会民主党看来，若威廉二世继续统治将存在很大问题，总理马克斯·冯·巴登（1867—1929）于 11 月 9 日宣布皇帝退位，并将总理之位移交给社会民主党党团主席弗里德里希·埃伯特（1871—1925）。11月11日，德意志帝国在西线停战框架下承诺将其军队撤回莱茵河以东，并将美因茨、科隆和科布伦茨移交给协约国作为桥头堡。

共和国将采取的国内政治路线是公开的。1919年11月9日，社会民主党政府成员菲利浦·谢德曼（1865—1939）宣布成立德意志共和国。几乎同时，卡尔·李卜克内西（1871—1919）宣布成立德意志社会主义共和国。1914年，李卜克内西曾因批评社会民主党支持议会批准战争贷款而在社会民主党议员中被孤立；而到1915年，已有1/5的社会民主党议员和他持相同立场；1917年春，他们组建了独立社会民主党议会党团。社会民主党的基层舆论如何很难猜测，但1914年，基层对战争的怀疑态度高于其议会党团。一系列事件表明，党内分裂逐渐扩大。1918年11月3日，革命由基尔爆发并迅速扩散，士兵、工会成员、社会民主党基层以及部分平民组成委员会[1]，以工人苏维埃和士兵苏维埃的形式接管政权。根据各地不同形势，工人与士兵苏维埃与现政权代表有的和平合作，有的则发生对抗。各邦国君主也在这场革命中纷纷下台。

11月，各地方苏维埃代表齐聚柏林召开苏维埃代表大会。

---

1. 即"苏维埃"——译者注。

他们反对独立社会民主党以及正在成立并准备效仿苏俄模式发动一场新革命的德国共产党这两个左派政党的立场，并决定1919年1月19日选举制宪议会。这次代表大会倾向于支持多数社会民主党[1]以及11月新成立的一些自由主义和适度保守主义政党的方针，他们寻求平稳可控的权力移交，惧怕俄国式的布尔什维克主义发展。由于多数社会民主党有意与军方及大型工业企业广泛协商，它在军队支持下成功阻止了1918与1919年之交左派以暴力方式在柏林建立工兵苏维埃政权的企图。与极左派同时存在的，还有一个极右派，他们支持成立军事独裁政府并继续战争，反对向政治温和的共和国过渡。由于首都局势极其紧张，国民议会改在魏玛举行，直至5月才迁往柏林。

这次国民议会选举中，所有20岁以上的女性和男性德国公民均可参加，实际参选率达到将近84%，多数社会民主党以将近40%的席位大获全胜，而独立社会民主党以5%的席位远远落后。中央党和自由派的德意志民主党分别获得21%和17%的席位，右派和极右派立场的代表德意志民族人民党获得10%的席位。这次选举不再是选个人，而是选党派。

---

1. Mehrheitssozialdemokratische Partei Deutschlands （MSPD），"多数社会民主党"即此前的社会民主党，1917—1922年间为了与李卜克内西领导下分裂出的"独立社会民主党"区分而产生的名称——译者注。

国民议会的首要任务是处理协约国提出的和平条件。其中包括承认德国的战争罪责，并以此为基础对一切战争损失承担赔偿，金额未定。有关领土划分的条款为：德国丧失殖民地，放弃普鲁士自18世纪以来所取得的领土，包括所占波兰领土、石勒苏益格北部、阿尔萨斯—洛林、尤彭—马尔默迪。部分详细国界应通过全民公投来确定，公投于1921年前举行。萨尔地区交由国际联盟托管15年，但泽极其周边地区成为自由市。普鲁士领土由此被波兰共和国分隔开来。卢森堡退出德意志关税同盟。军事方面，要求德国大规模裁减军备，包括不得拥有大型战舰和重型武器，陆军员额裁减至10万名长期服役的专业士兵及4000名长期服役的军官，协约国占领莱茵兰地区，在莱茵河以东建立50千米宽的非军事区，以及不得修建军事堡垒。

　　德国公众和议会对以上条款几乎一致批评，指责战胜国出于自身利益对"民族自决权"进行单方面解释，从而阻止了同为德意志民族的德国和奥地利合并统一。承认战争罪责的义务和被要求裁军的规模在德国人看来既不符合1914年的事件，也不符合1918年11月的前线状态，就连弗里德里希·埃伯特也认为，并没有哪个敌人真的"战胜了"德国军队。关注此事的各方，尤其是总参谋长保罗·冯·兴登堡（1854—1934）和总参谋部第一军需总监埃里希·鲁登道夫（1865—1937），也竭尽全力掩盖战略处境的现实，并将过错归咎于一个指向不明的内部反对派的失败。这种解释在右派和极右派圈子里引起了强烈共鸣。

鉴于无法再次恢复战争，国民议会的大多数成员都接受了条约规定的条件，和平条约于 1919 年 6 月 28 日在凡尔赛宫镜厅即宣告帝国建立的地方签署。1919 年 7 月 31 日，国民议会通过了新的共和国宪法。其诞生的背景，是这个国家的国界和内政都尚处于严重争议中。例如，还不清楚先成为左派的苏维埃共和国后又由极右派执政的巴伐利亚，是否会留在德国。其他地区也存在一些分裂迹象，例如东普鲁士。在莱茵河以西地区，法国大力支持分裂运动。1920 年 3 月，鲁登道夫支持下的卡普政变企图推翻共和国，后由于社会民主党发起的大罢工而被阻止，军队在此过程中保持克制。不过至少在 1924 年前，国家在新宪法之下一定程度上保持了稳定。

这部宪法改变了国家与此时称为的"州"的原各邦国之间的平衡，有利于中央政府，但没有建立起直接的国家行政，也没有将国籍统一到一个整体国家的层面。此时国家有权对各州的行政管理进行监督——但无论是国家还是各州，其行政人员大都沿用帝国政府时期的人员。此时的税收主要流向国家，铁路和邮政也由国家控制。国家立法权也由社会保险扩展到贫困救济以及学校和教育事业的规划原则。

这部宪法具有一些显著的进步特征。它将 1919 年国民议会选举中确定的选举权推广向全国。它包含了一系列基本权利，包括保证"每个德国人""必要的生计",保证女性和男性"公民的"权利平等,保证完全的宗教自由,规定员工在"企业劳工委员会"中的代表权,开辟了企业国有化的可能性。同时,它顺应了某些自由派和保守派的要求。经济生活本质上依然建立在合同自由的基础上。设立国家总统职位,总统由直选产生,总统类似于之前的君主,在危机情况下可撤销基本权利并做出重大决策,只要不被议会否决即可。随着新的图林根州组建,州的数量缩减至 15 个,各州通过参议院代表其利益,对国家立法施加影响。但私法权利中的男女不平等现象并未消除。此外,允许通过征用地产为参战人员和多子女家庭建造"家园"的做法,体现出一种农业社会而非工业社会的观念。

魏玛共和国的政治秩序,核心问题不在于均衡且在很多方面开放的宪法结构,而在于将消除凡尔赛秩序提升为跨越派别的政治目标。这导致其所做的很多决定,在很大程度上存在问题。

毫不留情地揭示帝国对战争爆发的责任,讨论发动战争的错误——这些本该要做的尝试却很快中断。人们将战争起因说成被迫参战,将革命说成反爱国主义的革命,而中央法院的判决使这些说辞全都合法化。在协约国强迫下,虽然 1921 年至 1927 年举行了战争罪审判,但这些审判非但没有探究真相,反而为被告们开脱洗白。逃亡荷兰的威廉二世安然无恙地免受刑事起诉。

战争的大部分经费是通过向私人客户发行政府债券筹集的，这在战后导致了大规模通货膨胀。国家银行和国家政府任其发展，因为他们通过牺牲国内债权人利益的方式偿还了国内战争债务，国内经济危机愈发明显。1920 年，马克兑美元（以黄金为支撑而异常坚挺）的汇率仅为其 1914 年的 10%，1921 年更是跌到 2%，到 1922 年 10 月跌至仅 0.01%。在如此严峻的背景之下，政府似乎有可能宣布赔偿义务无法履行，并将约定的赔付日期向后拖延。事实上，英国经济学家约翰·梅纳德·凯恩斯（1883—1946）早在 1919 年就曾认定这笔赔款从经济学角度来看是荒谬的。1923 年年初，法国和比利时因此占领了鲁尔区，以自行控制赔付。德国政府随即呼吁被占领土上的居民拒绝工作，并保证继续支付其工资。由于这一呼吁被广泛执行，占领军与当地居民间的紧张局势升级；但由于这一成本是通过发行新钞筹集的，因此通货膨胀完全失控。11 月 9 日，希特勒和鲁登道夫在慕尼黑发动啤酒馆暴动未遂的当天，1 美元兑 6285 亿马克。12 月，政府做出让步并宣布以 1 000 000 000 000:1 的比例进行货币改革，新的"地产抵押马克"以 4.2:1 的汇率（与 1914 以黄金为支撑的"金马克"相同）与美元挂钩。

　　1924 年，协约国针对赔款问题商定出一套支付方案，即"道威斯计划"，该计划规定了灵活的年度分期付款额，通过对德国最有利润的行业即铁路和邮政进行国际控制来保证实施。而这些赔款将进入一个广阔的支付循环，英国和法国等着用它们偿还其对美国的债务，美国的私人贷款反过来又用于促进魏玛共和国的经济。1924年，德国发行"国家马克"替代地产抵押马克，新货币以黄金为支撑，旨在防止再次通货膨胀并确保能够偿还债务。上述美国贷款虽然期限较短，但经常被用来为德国的长期项目提供资金，这一点解释了为什么1929年经济危机从美国迅速蔓延到德国。

1923年，共和国政府试图直接修改《凡尔赛合约》失败后，开始采取阳奉阴违的策略，对合约公开承认但秘密渗透。一方面，共和国在1925年的《洛迦诺公约》中确认了新的西部边界，使德国得以在1926年加入国际联盟；另一方面，它利用1922年签订的《拉巴洛条约》与苏联亲近，在苏俄训练德国士兵，操练重型军事装备；此外还在国内开展秘密军事训练，例如以摩托车俱乐部作掩护。类似的矛盾做法还表现在对生活在国外的德意志少数族裔的态度上。一方面在政治上承诺支持这些少数族裔，另一方面又拒绝他们在《凡尔赛合约》规定的国籍选择期限到期后，从东欧或原德意志帝国以外地区迁居回到魏玛共和国。这一矛盾政策的背景是"魏玛大联盟"党团（由社会民主党、中央党、民主党、人民党共同组成）中各党派成员的意见不一致，德意志少数族裔在国外地区的持续存在，可为将来重新向东进行领土扩张提供合理依据。

恶性通货膨胀对金融资产的破坏产生了严重的社会后果。大量居民战前依靠积蓄为生，如今只能完全依赖眼下的收入；许多基金会将资产用于投资战争债券或其他据称有担保的证券，如今血本无归；依靠现金维持退休或资助生活的人，身无分文；雇员和公务员只能勒紧裤腰带艰难地度过 1923 年，因为工资不会随着通货膨胀而迅速调整。共和国降低了退伍老兵及其家属的抚恤金，国家曾许诺他们给予特别照顾，他们也曾相信能够得到国家的感谢，如今却只能获得普通的困难救济，并失去了昔日的社会地位。针对公务员和个体经营者的个人健康保险能够缓解（对于这一群体而言从未面临过的）医疗费用风险，这是个人积蓄所无力承担的；财产损失对职业培训和就读大学的影响也可以通过一些机构得以缓解，例如德国大学生经济帮扶协会（1921 年设立）和德国人民学业基金（1925 年设立）。但事实证明，1927 年推出的失业保险不能有效缓解全球经济危机带来的挑战。

这种发展变化表明，共和国虽然定下了建成福利国家的目标，但既没有实现这个目标，也没有将它优先于其他目标。关于福利国家，共和国层面只规定了相关权利，而经费却由各州和城镇承担，这就导致地方层面围绕资金问题争论不休，并设法减少疾病和残障方面的开支，一些观察者还将犯罪和"反社会"行为视为精神障碍的表现。另一项存在很大争议的方案是通过"优生"措施改善人口质量。这些措施包括医学婚姻咨询，以防止健康不良或可能拥有不良遗传特征的儿童意外出生；鼓励自愿绝育；建造更加健康的住宅或为家庭提供经济支持的计划。

魏玛共和国在福利国家方面的局限使它从一开始就受到左派的批评。德国共产党此时得到苏联的大力支持，他们不加批判地认可苏联模式，要求政府没收企业和大地主财产，并要求实行更加密集的国家社会政策。

不管怎样，魏玛共和国的整体经济形势在 1924 年之后逐渐好转，人民生活水平提高，社会问题趋于缓和。战争结束时协商达成的一些改善性政策，例如八小时工作制，得以继续实行。工作和生产流程合理化；一些大型卡特尔[1]形成，例如法本公司[2]，它于 1925 年由八家化工企业合并而成；汽车和摩托车生产扩大；电气化技术进步；第一台技术家用电器推出；旧的娱乐项目和新的业余活动相结合，例如电影院，开始面向越来越多收入相对较高的城市雇员和工人。这一切使人感觉共和国已成为一个极其现代化的社会，也使它成为对外国企业具有吸引

---

1. 行业垄断联盟——译者注。

2. 常用此音译名称，其全称为 Interessen-Gemeinschaft Farbenindustrie AG，即"染料工业利益集团"——译者注。

力的市场，1931 年通用和福特两家企业先后在德国收购和新建汽车厂。

高等教育此前曾因战争而在很大程度上中断了与敌对国家的联系，此时逐渐重新吸引外国学生，并通过量子理论和数学领域的一些重要创新等突破性发现而名声大噪。魏玛时期的艺术界不仅比德意志帝国时期更加多元化（尽管在政治上更加两极化），而且还试图为解决许多领域的社会问题做出实际贡献，例如在建筑领域，对社会性住宅建设越来越感兴趣。

经济繁荣和文化多元却间接引起右翼势力对魏玛共和国的批评。经济和文化中的现代化迹象被右翼视为与德国"文化"不符的"美国化"，他们拒绝接受，并尝试组建一个特别的德意志精英阶层来与之抗衡。一些激进的种族主义圈子中因此形成了一种"培育"一个"日耳曼的"族群的观点，但他们的讨论远不止于此。他们认为经济发展使德国犹太人尤其受益，而犹太人却没有足够多地参与战争——尽管这是由于保守的德意志民族主义大环境所造成。早在 1919—1920 年间，许多地方就曾发生针对犹太人的大规模骚乱，共和国政府对此只能勉强控制。

右翼势力对魏玛共和国的批评表现出各种不同形式。在最初几年，其受到自由军团成员的强烈影响。自由军团最初成立于 1918 年，目的是使波罗的海地区日耳曼化，以及阻止布尔什维克主义的蔓延。第一次世界大战结束后，自由军团参与了推翻巴伐利亚苏维埃共和国和其他极左运动的战斗，以极端残暴而著称，并与右翼大学生联谊会的成员、部分反对共和的贵族和激进的前军官建立联络。由此产生了一些秘密组织，他们对有影响力的共和派政治人物实施暗杀，但有时也针对一些极右党派，例如纳粹党。

此外，德意志民族人民党也与魏玛共和国根本对立，虽然其在直接对比之下显得比较"温和"。该党成立于1918年，是保守派、君主派和极右派政治利益的大本营。在经济上，该党代表部分重工业集团和大地主的利益，它从根本上不认同共和国，并通过专业的媒体手段宣扬共和国不合法。

魏玛共和国政治纷争的一大特征是武装团体的强大存在。共和国和各州政府对其持容忍态度，主要原因是，这些团体强调他们活动的意义是为一场即将到来的战争做准备。这些武装编队有的投靠德国共产党，有的投靠极右翼政党如纳粹党。"黑—红—金国旗团"就是一个支持魏玛大联盟党团的武装编队。

因此，共和国几乎没有成功实现国家对暴力的垄断。但它在很长时间内可以依靠多数选民的支持而存在。魏玛大联盟党团在国会的席位占比有所下降：1919年占比超过80%，而1920—1928年间下降到大约60%（不考虑由原中央党改组后建立的右倾党派巴伐利亚人民党）。不过即便是1924年5月，恶性通货膨胀发生后的那次选举中，其席位占比也仅下降到50%。魏玛大联盟原则上维持着支持共和的立场，但具体到联盟中各政党则存在一定的立场跨度，这导致频繁的内阁改组和党团变更，给人一种政治上反复无常的印象。此外共和派政党在德里希·埃伯特之后的总统竞选中，未能成功推选一位共同候选人。1925 年，保罗·冯·兴登堡以 3% 的优势领先前总理、中央党政治人物威廉·马克思（1863—1946），赢得了共和国总统大选。显然，一个在威廉皇帝时期建功立业、军功赫赫且高度保守的领导人物，比一个温和的共和派政治家更受选民青睐。

然而，当 20 世纪 20 年代末经济形势急剧恶化时，选民们的这一政治决定对共和国开始构成严重威胁。这场大危机于 1929 年 10 月在美国爆发，其原因包括：农业产能过剩，因为此前向交战国供应农产品而扩大了产能；工业生产过剩，行业垄断组织过于关注市场份额而忽视利润率；对收音机等新技术的盈利前景期望过高；低利率、大规模贷款和一些骗子企业造成美国股市泡沫。随着农产品和原材料价格开始下跌，美国投资者不再愿意向海外提供贷款。1929 年 10 月 29 日，美国股市交易价格急剧下跌，许多美国银行不得不应声关门，同时开始从国外撤回短期贷款，导致这场美国金融危机转变为世界经济危机。1931 年夏季，银行危机席卷德国，原因同样是结构性问题和冒险交易，前者主要是指对长期开支进行短期再融资，后者主要涉及大型纺织企业 Nordwolle。为防止银行倒闭，1931 年夏，所有德国银行都被暂时性关闭，柏林证券交易所也暂停交易。

在此情况下，魏玛共和国政府采取行动的能力受到赔款协议框架条件的限制。虽然 1929 年达成的所谓"杨格计划"整体上大大降低了德国赔款的债务负担，但同时确定了延续至 1988 年的分期付款计划。由纳粹党和德意志民族人民党组成的议会党团在右翼媒体支持下发起了对该计划的全民公决，这次公决因仅有 15%的低投票率而失败，但参与者当中绝大多数人对该计划投了反对票。虽然凯恩斯曾建议通过债务融资进行政府投资来支持危机中的经济，但德国政府像美国政府一样，信奉正统经济学，采取的首要措施是削减社会保障福利、解聘公职人员、提高税收，以及通过"逃亡税"（1931 年）禁止向国外转移资本，以此维持国家预算平衡。1931 年夏，美国总统胡佛宣布所有政府间债务暂停偿付，这为德国采取行动改善经济提供了新的机遇，但共和国各级政府忙于其他问题，并未抓住机会。

结果导致失业率急剧上升，极左派和极右派赢得更多选票。两个极端派别都宣称，他们各自视为榜样的两种政治体系，即苏联和意大利法西斯，在世界经济危机中都未受到影响，原因是这两国都在部分程度上脱离了所谓的"资本主义"。双方都为当时无可争辩的社会问题提出了解决方案，德国共产党提出按照苏联模式建立共产主义经济秩序，纳粹党提出的方案包括：一项国家军事力量政策；建立一个自给自足的、有行动力的国家，这一理想的国家形象主要受"元首"阿道夫·希特勒（1889—1945）及其在作品《我的奋斗》一书中描述的纲领所影响；赋予忠诚的"民族同志"相对于所谓战后秩序的获利者以特权，后者由于其革命渊源及其与战争失败之间的关联而在原则上被描述为非法的。但不清楚这位无国籍且因叛国罪被判刑的希特勒如何合法地担任政治职务。

各种极端立场之间的分化日益加剧，由党派组织提供资金支持的战斗团体成员数量不断增加，由于政治原因引发的暴力事件也急剧增加，但共和国对局面表现得犹豫不决。虽然天主教会等方面与纳粹党明确保持距离，但其他一些重要的社会力量，如工业界和部分军官，则开始与其建立联系，这一方面是出于意识形态的认同，另一方面则出于机会主义。1932年4月，纳粹党在政治上已经崛起，其准军事化团体此时才被禁止，且在不久之后的1932年夏季再次被允许。

自1930年起，共和派的政治机构已经部分失去采取行动的能力。在1930年至1932年11月举行的数次选举中，共和派政党严重丧失选票。自1932年7月起，德国共产党和纳粹党共同拥有德国国会议员中54%的多数席位，其中纳粹党以230个席位遥遥领先而形成最大的议会党团，远超仅有130个席位的社会民主党。在 1932 年 11 月的选举中，纳粹党丧失部分选票，但仍然取得了 584 个席位中的 196 个。由卓越的外交部部长古斯塔夫·施特雷泽曼（1878—1929）——他带领德国成功地在战后重新融入国际政治——领导的德国人民党，此时也明确地将自己定位为右翼集团的一部分，共和派政党所拥有的议会席位占比仅有大约 33%。如此一来，他们便无法达成什么积极决策了。由于德国共产党遵循共产国际的路线，拒绝与社会民主党合作，议会中再也无法形成一个能够与纳粹党抗衡的政治多数派。1932 年，纳粹党在普鲁士也获得大量选票，导致魏玛大联盟在这个共和国最大的州失去多数票，无所组建新的政府，但隶属于社会民主党的普鲁士总理依然保住了其职位。

在此形势下，国家总统和国家法院成为关键位置。在议会不反对的情况下，总统有权根据宪法第 48 条通过紧急法令确保政府安全。1932 年春，兴登堡在魏玛大联盟各政党全体支持下以 53% 的得票率战胜希特勒（1932 年 2 月通过任命不伦瑞克州政府职务方才获得德国国籍）和德国共产党候选人恩斯特·台尔曼（1886—1944），重新当选总统，希特勒得票 37%，台尔曼得票 10%。兴登堡及其圈子受到农业和军事利益的强烈影响，他们试图支持保守派总理，先后包括：海因里希·布吕宁（1885—1970）、弗朗茨·冯·巴本（1879—1969）和曾任将军的库尔特·冯·施莱谢尔（1883—1934）。巴本和施莱谢尔曾准备通过解散国会且不宣布举行新的选举，来阻止撤销由他们促成的紧急法令。但兴登堡却并不打算与纳粹党如此对抗。相反，1933年1月30日，他任命希特勒担任总理，领导一个由纳粹党、德意志民族人民党和无党派成员组成的内阁。由于巴本在1932年7月的所谓"普鲁士政变"中以"国家专员"身份将普鲁士置于国家总理直接领导之下，国家法院也于1932年10月有保留地批准了这一做法，因此希特勒政府同时获得了对普鲁士的控制。一开始由弗朗茨·冯·巴本以国家专员身份继续行使对普鲁士的职权，曾参与希特勒政变的赫尔曼·戈林任内政部长，4月，戈林接管巴本的职务。在此之前，纳粹党仅在图林根和不伦瑞克两个州的州政府中有一席之地。

[七]

"第三帝国"与大屠杀

纳粹党领导下的政府利用其 1933 年 1 月获得的各个国家机关的权力，排挤政治竞争对手，谋求连续执政。一开始他们准备通过举行新的选举并在选举中对民众实施大规模恐吓来实现这一目的。通过总统颁布政令，新闻和集会自由受到极大限制。纳粹党武装组织"冲锋队"（SA）和"党卫军"（SS）的成员通过被任命为辅助警察而获得了国家权威。1933 年 2 月 27 日，国会大厦被大火烧毁，这为纳粹党完全剥夺各州权力以及将死刑扩大至纵火、"损毁铁路设施"、参与有武装人员的政治集会提供了理由。尽管纳粹党在 3 月 5 日的大选中获得了胜利，但其 45% 的得票率未能达到绝对多数，离修宪所要求的 2/3 更是相差甚远。由于共产党议员被捕或逃亡，其获得的 81 个议会席位被撤销，纳粹党最终达到了绝对多数。1933 年 3 月 23 日通过的《授权法》将国会的权限移交给总理，但该法案只有在其他党派同意的情况下才能获得通过，而此时只有社会民主党党团 120 名议员中尚未遭受迫害的 94 名投票反对。

在各州和议会权力被解除的同时，纳粹党还对其反对党的成员实施大规模抓捕、威胁、杀害，其中主要包括左派人员，但也包括德意志民族人民党、其他右翼党派、自由党派的成员，这些党派到 1933 年夏天全都被迫解散，社会民主党也遭到禁止。数万人被抓进由纳粹党冲锋队、党卫军和其他组织修建的营地，在那里日夜遭受屈辱和暴力，死亡事件也被默许。冲锋队和党卫军的恐怖活动也针对犹太人，他们不仅遭受攻击，还有针对他们的经济抵制呼吁。

从那时起，纳粹党开始谋求多方面的目标。第一，要使国家结构集权化，并向希特勒的决定权完全看齐。兴登堡死后，希特勒于 1934 年 8 月 2 日开始使用"元首和总理"称号，集总理、国会和总统大权于一身。乡镇、各州、国家的各级民主参与被中央任命的官员所取代，与此同时，一套国家和政党合一的等级制度建立起来。第二，消除与纳粹政权的目标相抗衡的所有政治、宗教和文化认同。包括禁止与其竞争的政党，解散工会，公开焚烧令其不满的书籍，以及在所谓"国民教育与宣传部"监督下对新闻和出版业实施严格审查，并建立（整齐划一的）机构对所有社会团体进行控制和灌输。只有在对待教会方面，纳粹一开始寻求与他们沟通，其与天主教在 1933 年 7 月达成政教协定，而对新教的各州教会则区别对待，对特别忠诚的教派加以支持，对持不同政见的教派则进行阻碍。第三，替换公务机构人员，根据 1933 年 4 月 7 日颁布的所谓《重设公职人员法》，对魏玛共和国的支持者以及"非雅利安"血统的人员予以解聘或强制退休，其中正式排除了曾在战争中服役的"非雅利安人"。这一做法导致大批公职人员被解聘，其中包括大量教授。第四，纳粹政权谋求改变德国人口的组成。这一做法基于"雅利安人种"优越性的民族意识，主要针对犹太人和斯拉夫人，认为他们应当为"优秀的德意志人"（新版入籍宣誓词中的表述）的利益而让步。因此，纳粹对 1918 年之后批准的入籍名单进行了审查，对不符合纳粹设想的政治、种族和健康典范的入籍者进行大批量撤销。因此可以说，迫使犹太人流亡也是纳粹的目标之一——早在 1933 年，就有大约 2.7 万名犹太人离开德国。

　　鉴于纳粹独裁政权鲜明的暴力倾向，抵抗是不切实际的。此外，纳粹对各种观点流派采取模糊方案以笼络人心，从而使自己的统治更加稳固。尽管其党员大多属于没落的中产阶级，但该党在选举中赢得了所有社会阶层和地区的支持，只有天主教界对纳粹主义保持相对谨慎的态度。纳粹政权许诺为世界经济危机引发的种种社会问题找到解决办法，摆脱《凡尔赛合约》体系的重负，使德国重新崛起为欧洲强国，并将所有德意志人统一在一个国家。重设公职人员的做法为其政权吸引来大量机会主义者，他们希望趁机搞到这些空缺，或将其看作自己的升迁机会。纳粹党的政治路线不仅模糊，而且在内部存在争议，其中既有人员斗争，也有意识形态对抗。直到1934年夏，希特勒对其他对立派别展开迫害，许多潜在竞争对手和先前的反对者遭到谋杀，该党的相对不确定性才宣告结束。

随后几年中，政权成功得以稳固，公开的暴力行为此时让位于为实现其目标而采取的冰冷的行政执法。集中营里的关押人数出现下降，到1936年（仅）有大约3500人。此时的意大利、希腊以及中欧东部一些国家都被专制的极端右翼政治制度所笼罩。鉴于此前普鲁士的军国主义传统，纳粹政权似乎只是积极继承这一传统，并不显得特立独行。"第三帝国"采取了强烈而野蛮的社会政策措施，以实施纳粹的生物主义人口计划，例如强制绝育和医学干预生殖，其中强制绝育涉及大约40万人口，但这些做法在当时瑞士、斯堪的纳维亚半岛以及美国等国家的法律中也有规定。同样的情况还包括，将犯罪人员的犯罪行为归因于其生物学基础，并试图将他们系统地排除在社会之外。甚至那些具体的反犹太措施，例如婚姻限制和职业禁令，在"二战"前的年代也都并非绝无仅有。

不过，纳粹政权将犹太人排挤出经济和社会的计划远远超出上述做法。1935年的《纽伦堡法案》为"犹太人"一词下了定义，使其不再指涉宗教，而是指涉种族，并通过禁止"通婚"以及禁止"犹太"家庭雇用有生育能力的"雅利安"雇员而实现"犹太人"和"雅利安人"之间的种族隔离。将犹太人排除出公共机构、特定地点、职业、社会福利以及与"雅利安人"的交往，这些做法一步一步越发严格，并以官僚主义的冷酷无情付诸实施。随着经济上的"雅利安化"，"犹太人"被迫放弃他们的工厂企业，而纳粹允许那些忠诚的"党员同志"用这些掠夺来的他人财产中饱私囊。如此一来，排斥"犹太人"的做法上升到了新的维度，因为他们日益被排除到日常的社会交往之外。这些措施的目的仍然是促使"犹太人"流亡，根据"帝国逃亡税"此时更加严格的规定，他们必须在离开德国时将其大部分资产上交纳粹政府。随着政权的稳定，镇压强度增加，更多人被送入集中营。到战争开始时，那里大约有 2.1 万人被囚禁，迫害重点已经从 1933 年的政治压迫转变为 1939 年的种族主义和生物主义排斥政策。针对个人反对者以及可能形成反对派的组织性苗头的迫害保持高压态势，针对天主教会和持不同政见的新教徒的打压也与日俱增。

而对于"雅利安民族同胞"，纳粹政权部分程度上为他们打开了新的未来前景。1934 年后，许多国家的经济紧张形势开始缓和，但在德国由于独裁统治而持续。"雅利安人"有机会通过被录取到精英学校或进入政权内部而实现社会升迁。政治上不出众的"民族同胞"也可以从社会福利中受益，其主要针对年轻、多子女和纳粹所谓的健康家庭。尽管纳粹政权的经济政策主要侧重于军事装备，但在意识形态严格管制的"第三帝国"，消费、旅游和休闲机会也有所增加。尽管纳粹公开限制政治自由，1935年萨尔地区仍以超过90%的支持率投票赞成回归德国。

在外交方面，"第三帝国"早已成功分化瓦解了凡尔赛体系，且在没有激起协约国采取军事行动的前提下。1933年，德国单方面宣布停止战争赔款，并退出国际联盟。随后便开始了"第三帝国"的扩张路线，其主要理由是有必要抵制布尔什维克主义的传播，并通过与意大利（1935年）和日本（1936年）的结盟来确保外部安全。1936年柏林奥运会上，"第三帝国"向世人展现了其独裁却成功的国家形象。同年，德军再次进驻莱茵兰，纳粹政府还同时插手西班牙内战，支持西班牙右翼。1938年，德军进入奥地利，那里自1934年起就建立了法西斯主义独裁政权。同年4月，通过举行关于"奥地利和德国重新统一"的全民公投，正式确认德国对奥地利的吞并。

对于纳粹新攫取的领土上的居民而言，被吞并后的结果如出一辙：暴力镇压反对派，设立集中营，颁布反犹太主义法规以对"犹太人"实施隔离，并在经济上推行"雅利安化"。

1938年秋，法国、英国、意大利和德国达成一致，同意将苏台德地区内德国人口占多数的部分划归德国，随后波兰和匈牙利占领了捷克斯洛伐克其他一些地区。1939 年春，德国占领了后来的"波希米亚和摩拉维亚保护国"地区，并在未被匈牙利吞并的地区建立起一个依附于柏林的斯洛伐克共和国。

英国原则上已准备容忍德国的主张，包括中欧东部的德意志少数民族的政治融入以及德国在该地区的经济势力范围。温斯顿·丘吉尔（1874—1965）曾警告过这样做可能带来的威胁程度，但一切看上去似乎仍是可控的。由于自身经济问题以及军事资源有限，英国几乎无法采取有效行动来对抗德国。同样由于内部分化加剧，法国也几乎没有能力在政治和军事上采取行动。意大利此前本就接近德国，虽然它并没有表明立场。然而到 1939 年 3 月，英法两国宣布保障波兰的独立，并开始拉拢苏联和意大利支持对"第三帝国"发动战争。1939 年 8 月 24 日，约瑟夫·斯大林（1878—1953）决定与希特勒签订一份条约，目的是将"一战"之后两国之间诞生的国家悉数瓜分。意大利一开始保持中立。1939 年 9 月 1 日，德军入侵波兰，9 月 17 日起苏联军队从东方撤回，也进入波兰地区。根据约定，双方对各自民族的定居区域进行大面积重组，德意志人被赶出苏联势力范围，俄罗斯人则被赶出德国势力范围。

因此可以说，战争的目的从一开始就是获得新的领土，用以作为纳粹所谓的那些在德国领土上居住过于拥挤的德国人的"生存空间"。这些领土上先前的统治和行政体系被立即打破，当地精英遭到直接杀害，犹太人遭受极大的暴行。

随着德国入侵波兰，一场大型军事冲突拉开序幕，"第三帝国"为此已经做足了准备工作。全面备战、闪电进攻、义无反顾、重要原材料和代用品的迅速保障，所有第一次世界大战中可能犯过的错误都要避免。

1940 年 4 月，西线的第一场战斗打响，目标针对丹麦和挪威，两国均被占领，这场战斗的目的是确保斯堪的纳维亚半岛的矿石供应通道。5 月和 6 月，德国绕开法国军事防线，取道荷兰、比利时和卢森堡，战胜了法国。1940 年 6 月 25 日，进入停战状态后，法国北部被直接占领，而南部的维希政府在菲利浦·贝当（1854—1951）领导下建立了一个附庸国。夏尔·戴高乐（1890—1970）领导下的"自由法国政府"流亡至伦敦（那里已经存在着其他几个流亡政府），但依然控制着法国殖民地。就在德国对法国作战即将结束之时，意大利以德国盟友的身份参战。

1940—1941 年，英国——含大英帝国及英联邦地区（选择中立的爱尔兰自由国除外）独自面对"第三帝国"和意大利的攻势。但德国未能成功切断英国的空中防御，因此也未能为入侵不列颠群岛创造条件。尽管形势看似令人绝望，但 1940 年 5 月 10 日上台的英国首相丘吉尔拒绝就此缔结和约。好在随着时间推移，对英国而言情况有所改善。1941 年 2 月，富兰克林·罗斯福（1882—1945）政府为英国提供了机会，使其不再像以前那样只能以黄金购买美国的战争装备，而是可以以贷款形式"租借"装备。在地中海地区和希腊，英军和希腊军队击退了意大利的进攻，这激起德国对北非、巴尔干和希腊的干预。如此一来，德国仅在1941年期间就已经开辟了数条战线，尽管如此，希特勒仍于1941年6月22日下令进攻苏联。这次进攻在一定程度上是成功的，德军及其欧洲盟友（此时包括意大利、保加利亚、匈牙利、罗马尼亚、芬兰和斯洛伐克）迅速向前推进；但是，希特勒想在严冬到来之前占领莫斯科，并取得战争胜利的目标却没能如愿。1941年12月7日，日本偷袭美国位于夏威夷群岛的珍珠港海军基地，促使美国参战。战争重心发生决定性转移。

1942年，"第三帝国"在苏德战场仍然取得了进一步的领土进展，并由此试图通过控制高加索地区的油井来确保轴心国军队的燃料供应。1942—1943年冬季的斯大林格勒战役和北非的失败一样，标志着军事转折点的到来。1943年6月英美联军登陆西西里岛，9月登陆意大利本土。这导致意大利法西斯"领袖"贝尼托·墨索里尼（1883—1945）被推翻，并使意大利战线发生转移。"第三帝国"占领意大利北部作为回应，但这只能拖延盟军的前进，却无法阻止他们。

在苏联，战线也以不可抵挡之势向西转移。1944年6月6日，美英联军登陆诺曼底，开辟了第三战场。此外自1944年以来，美国以其占绝对优势的经济和技术资源，确保同盟国对欧洲大陆的空中主权，并对各个军事基地打击范围内的轴心国城市、基础设施和工厂实施系统轰炸。如此一来，对于"第三帝国"而言已经战败：首要原因是缺乏继续维持战争的资源，尤其是石油和代用品；新武器的研发也只能局限于无法起到战争决定作用的导弹。而美国和英国却在持续推进原子弹的研发。

与第一次世界大战中的帝国最高陆军指挥部不同的是，此时的"第三帝国"领导层拒绝面对现实，即使到了1944年盟军从亚琛附近越过德国边境的时刻。在东部，1945年年初纳粹不得不放弃保加利亚、希腊和罗马尼亚领土。1945年1月，苏联开始进攻东普鲁士。1945年4月，纳粹政府控制的区域仅剩下包括"元首大本营"在内的柏林，以及个别尚未被同盟国控制的阿尔卑斯地区。1945年4月30日，"元首"在柏林自杀，5月8日"第三帝国"无条件投降。

早在1940年，德国领导层就开始不遗余力地辩称，其发动的战争是一场针对布尔什维克主义的国际斗争，并与占领地区和附属盟友领土境内的右翼和极右翼圈子勾结。这一策略在一定范围内取得了成效，一些个人和运动组织与"第三帝国"结盟，共同对抗苏联，并加入纳粹党卫军。在东欧的"血色大地"，第一次世界大战结束后依旧长期处于战争之中，"第三帝国"试图勾起人们对1932—1933年的乌克兰饥荒，对1918年后波罗的海国家的战争，以及对苏联占领时期的悲惨回忆。但纳粹的这种结盟动作与其无处不在的强迫行为形成鲜明对比：强迫提供劳动力；强迫民众服从于一个按照"种族"等级组织的供给制度；强迫他们容忍军队、警察和党卫军的绝对支配权。

同时，战争为纳粹专政实施种族灭绝计划扫清了最后障碍。1938年，各种反犹太政策上升到新的级别：通过在犹太人身份证上标记"J"[1]而将他们排斥出德国社会；强迫犹太人接受"犹太的"名字；大规模驱逐波兰犹太人，将他们驱赶至德国和波兰边境的无人居住区。11月9日和10日，犹太教堂遭到有组织的袭击，同时对生活在德国的"犹太人"征收特别税，再次加速将他们排斥出经济生活。战争开始后，犹太人被要求佩戴醒目标记以示区分，这一做法一开始在波兰实施，1941年扩大到德国（同时包括各占领区）。官僚手段的排斥此时变成公开的污名化和大规模屠杀，矛头对准所有被纳粹政权视为"犹太人"的欧洲民众。"灭绝"犹太人的办法越来越极端，对内和对外（通过由"第三帝国"统治地区向外渗透新闻）的文明破坏也越来越肆无忌惮。一开始由纳粹"突击队"使用枪械实施屠杀，同时东欧占领区的"犹太"居民被驱赶至专门的犹太人区[2]，在那

---

1. 德文"Juden"，即"犹太人"的首字母——译者注。
2. 也称"隔都"或"隔坨区"，德文"Ghetto"——译者注。

里由于饥饿和供给不足而死亡；随后开始使用移动毒气室，受害者在其中被车辆废气杀死；最后，从1942年开始建造灭绝营，其主要目的是利用毒气大规模消灭人口，这些人从纳粹控制下的欧洲各地运送而来。1942年年初至1945年1月，仅奥斯维辛集中营就有110万人死亡，整个大屠杀中，共有600万犹太人失去生命。此外还有大约50万辛提人和罗姆人成为这一反人道政策的受害者。

早在1939年，德国就开始系统地杀害被划归为所谓"无价值的生命"的残疾人。纳粹灭绝政策的重点对象还包括苏联士兵，他们在战俘营的恶劣条件下被迫从事强制劳动，其中大约300万人失去生命。"第三帝国"在东线战场中几乎完全不考虑军队和平民之间的界限：根据1941年6月6日下达的所谓"政治委员命令"，红军的政治官员也被处决，出于威慑目的大量杀害"游击队员"，以遏制其对纳粹的抵抗。

为何如此多的"普通男人"（克里斯托弗·布朗宁）和女人不仅在战斗中无视所有战争法则，还义无反顾地参与针对平民的驱逐和大规模屠杀？纳粹专政对这些平民的"灭绝"仅仅是因为他们的"种族"，还是为了消除他们所带来的社会成本（对残疾人而言）？即使经过数十年的深入研究，这一切仍然难以理解。当前最新的回答结合了"意图主义"解释和"结构主义"解释的元素。这种回答一方面强调，纳粹政权很早就将对欧洲犹太人的肉体灭绝视为一项选择，因此毫无疑问，所有针对"犹太人"（其次还针对"斯拉夫人"）的措施都是独裁意志的体现。另一方面指出，许多种族灭绝行动的参与者，除了在意识形态上与纳粹靠近以及个人的反犹太主义观点之外，还面临一些（自己造成的）主观困境，如缺乏生活保障，就他们的世界观而言，"解决办法"就是杀掉"犹太人"和"斯拉夫人"。纳粹暴徒对"犹太人"的行动在多大程度上能够得逞，在西欧、南欧和北欧有所不同，它取决于德国占领军的控制程度以及当地的合作意愿。本土的反犹太思想越强烈，那里的犹太居民幸存机会就越渺茫。

此外，在所有占领区也都形成了抵抗运动，抵抗组织作为政治上具有广泛覆盖面的联合体反对占领当局及其在当地的爪牙。抵抗组织成员冒着被拷打、杀害和关进集中营的风险毅然挺身拯救"犹太人"，并通过各种破坏活动干扰战争进程。在德国本土，很长一段时间内鲜有抵抗活动，但也绝非全国民众一心一意地支持纳粹专政。问题在于，反对力量自 1933 年起被系统性地驱逐出境或从关键职位赶下台，反对派别失去了熟悉的圈子后想要交流便存在极大风险。尽管如此，民众中依然存在分散的反抗，其中有的是由于不满纳粹专政的压迫本性和灭绝政策，有的则是由于预见到纳粹终会失败。其中平民的抵抗，例如 1943 年的"白玫瑰"学生运动，可以通过政治警察相对容易地镇压；而 1944 年 7 月 20 日发生的军事抵抗差点造成希特勒被杀以及政权变动，但由于缺乏军队体系的支持而最终失败。

总之，军队和很大一部分民众或出于对纳粹宣传的笃信，或出于被逼无奈，或因已经犯下的罪行而担心遭受惩罚，在早已无望的境地中坚持负隅顽抗，直至德国被完全占领。

[八]

东西德分裂

早在战争期间，英、美、苏三国就开始着手讨论在德国和欧洲建立新秩序。两次毁灭性的战争均由德国的扩张欲望而起，各方因此达成一致，应在中欧地区彻底重建秩序。由于《凡尔赛合约》没能持续削弱德国经济和军事潜力，新的秩序必须避免之前的错误。

　　1945年2月，各方商定将德国和首都柏林分别划分为四个占领区。但令同盟国始料未及的是，战斗仍然持续，直到整个德国被完全征服为止，因此他们不得不接管德国全国的行政管理和供应组织。

　　1945年8月，三大战胜国决定在签署最终和平条约的前提下，缩小德国领土规模。其中阿尔萨斯—洛林毫无争议地归还法国，奥地利恢复独立，奥德河—尼斯河沿线以东地区原属德国的领土划归波兰，东普鲁士剩余地区则移交苏联。这些领土变更还隐含地涉及人口迁移，将德国人逐出这些地区并迁往盟军在德国的占领区。战争结束前，红军的前进就已经引起德国人向西逃离。和平协议达成后，德国人被进一步逐出此时成为波兰和捷克斯洛伐克领土的地区，人口迁移一直持续。

盟国组织的审判，对那些在战争中负有主要责任的人及其在政治、军事、警察、党卫军、经济、法律和医学各领域所犯的罪行进行清楚无疑的定罪。这些审判于 1945 年至 1949 年在纽伦堡举行。德国的政治结构在国家民主化和分权化这一指导思想下被重构，其中一个重点就是 1947 年解散普鲁士，并将国家领土划分为大小相近的州。将纳粹政权的支持者从重要职位上解职，结束政治、宗教和种族歧视；将经济转向满足大众的民用需求；仍能正常运转的军事生产设备，可作为此时尚未确定的战争赔款的预付款而拆除。

同盟国的共同目的，是用这些做法让德国民众直面纳粹独裁政权的罪行及其彻底的失败，以防止法西斯主义趋势死灰复燃以及德国制订新的大国计划。但是，由于各同盟国与德国交往的历史经验不同，以及他们对纳粹独裁政权的阐释不同，其各自的侧重点也不同。对于苏联而言，由于将国家社会主义[1]解释为德国

---

1. Nationalsozialismus，即"纳粹"——译者注。

资本主义和封建主义特殊混合后的极端变体，认为财产关系的重组至关重要，因此在苏联占领区开始实施土地改革。对于法国而言，战略考量优先。对于美、英两国而言，虽然详细的侧重点不同，但核心关切都是建立政治多元化以及对民众的民主教育，这需要迅速发展多元化的媒体格局并组建民意代表机构。

到 1945 年夏秋时节，所有占领区均已建立起新的政党体系，其最初着眼于城镇和州一级别的选举。左翼方面，社会民主党和德国共产党不曾与纳粹政权有染，它们沿袭魏玛传统。基督教民主联盟则沿袭原中央党，继承了基督教活跃阶层和新教市民阶层。自由民主党（在德国西南部原名德国人民党）是新生党派，它在成立之初将自由主义和强烈的国家自由主义立场相结合。一些较小的地方性政党试图沿袭国家保守主义。在巴伐利亚，政党体系的发展进程就有所不同，随着基督教社会联盟和保守主义的巴伐利亚党诞生，形成了两股强有力但仅局限于巴伐利亚地方的政治力量。

尽管存在着上述共同的政党基础，但各占领区的政治和经济结构发展却完全不同。在苏联占领区，1946 年 4 月在军事管制当局施压下，德国共产党和社会民主党合并为"社会主义统一党"，由它沿袭 1941 年至 1945 年抵抗"法西斯主义"的"人民阵线"的传统。在首次选举中，社会主义统一党预期的政治成果未能如愿达成。为确保该党的主导地位，其他政党被作为所谓"联盟党"（Blockparteien）捆绑起来，在未来选举中成为唯一可选项。同时还成功建立起一支驻营警察队伍，与苏联占领军一道共同保证国家政策的执行。1949 年 10 月 7 日，"德意志民主共和国"宪法颁布，原则上对全德国适用。1952 年，西方国家对德意志民主共和国 [1] 提出的德国重新统一并中立化的严肃性存在争议，因而拒绝了这一提议，之后东德发展成为中央集权制的社会主义共和国。但在东德范围内还存在一块属于西方的飞地——西柏林。苏联曾试图封锁美、英、法三国与东柏林之间的联系以促使其撤出该地，然而 1948—1949 年西方三国决定从空中保证对西柏林的供给，苏联的计划失败。此后，西柏林通过陆上和空中走廊与英国和美国占领区保持联通。

1952 年，东德各州事实上被撤除，由国家中央行政管辖取而代之。东西德之间的边界被封锁，私有企业和农场分批次转变为国有企业和农业生产合作社，马克思列宁主义作为国家的理论基础成为中小学和大学必修课，教会活动受到严格阻碍，民众被鼓励加入各种党组织，例如自由德国青年联盟。东德被纳入东方阵营的经济和安全结构中，在此框架下，1956 年国家人民军成立。东德重新武装起来，逐渐被视为一个新的国家，

---

1. 以下简称"东德"——译者注。

它通过过渡到社会主义制度而剪断了与德意志过去之间的联系，因而对西方国家的战争牺牲不承担义务。

经济方面，东德经历了较强增长，其主要经济建设原则是重建战后初期遭到严重拆除与满足消费需求相关的工业基础设施；不过，东德的增长相比于西方更加缓慢，那里采取的政策包括缓解住房压力、扩大消费品供应和提高生活水平。与此相对，东德自 20 世纪 80 年代起强调其全面的社会福利网络，这一网络阻止了不断蔓延的失业等现象，并限制了收入和财富差距。20 世纪 80 年代，东德扩大了对国家的政治认同，包括对普鲁士历史的认同。

与东德不同的是，西方占领区产生了政党竞争。在 1946 年至 1947 年举行的首次各州层面选举中，基督教民主联盟和社会民主党在所有州都获得了很大支持，而自由民主党 / 德国人民党则在汉堡、不来梅和西南地区获得较大支持。较强的地方性政党包括德意志党（汉诺威）和巴伐利亚党。德国共产党在西部不成气候。按照基督教民主联盟和社会民主党的党纲，许多州宪法可以接受国家层面的经济法规。1949 年 5 月 8 日，议会委员会（由各州议会代表组成的西部共同议会）投票通过了德意志联邦共和国《基本法》[1]，它赋予各州重要的行政管理角色，而联邦则是相

---

1. 德意志联邦共和国简称"联邦德国"或"西德"——译者注。

对间接的角色；尽管如此，巴伐利亚州议会仍以其过度侵犯各州权力为由反对该法，但该法对巴伐利亚的有效性仍然得到了承认。

《基本法》对纳粹历史的回应与东德完全不同。关于基本权利的表述不再像魏玛共和国那样只针对"德国人"，而是基于"人的尊严"，并将某些原则置于重点，规定无论政治多数派如何转变，这些原则都应不受影响地被尊重。这一宪法致力于确保联邦和各州之间的内部政治多元化，并将警察的控制权以及中小学和大学教育事业交给各州。联邦总统的角色被弱化，而联邦总理角色则被加强。魏玛共和国最后几届议会曾出现的封锁政策，将通过建设性的不信任投票制度排除其可能性，根据这一制度，一个政府只能由拥有议会多数票的另一政府所取代。一些直接民主的特征，如全民公投、直选总统、直选总理等，被作为政治系统的潜在不稳定因素而否决；政党以内部民主方式组织，有助于将日常政治情绪转变为建设性政策。为了以具有广泛凝聚力的程序促进政党间取得合作成果，以确保形成可信赖的议会多数派，《基本法》规定了个人选举和党派候选人名单选举相结合的议员选举制度，并将 5% 的最低得票率作为进入联邦议会的前提。此外还设置了党禁条款[1]，该条款已于

---

1. 关于取缔或禁止某个政党的规定——译者注。

1950 年和 1952 年分别针对纳粹主义的社会主义帝国党和德国共产党使用。在政治方面，联邦政府一开始便由基督教民主联盟主导，共和国前 20 年的联邦总理均来自该党：首先是长期在任直至 1963 年的康拉德·阿登纳（1876—1967），此后是在任至 1966 年的路德维希·艾哈德（1897—1977），以及在任至 1969 年的库尔特·格奥尔格·基辛格（1904—1988）。

凡在 1937 年的德国国境线以内生活的所有德国人均被赋予公民权利，这反映出德意志联邦共和国的主张，即力争从政治和法律上继承德国；这一主张后来扩大至整个东欧范围，但此时的目的是为那里的德国人提供无限期迁移到德国的机会，而不是为搞扩张制造理由。

1952 年在伦敦谈判中达成一项计划，要求德国分期偿还由于"一战"战争赔款产生的海外贷款，以及"二战"过程中产生的债务，而其中部分偿还义务被推迟到统一之后。1953 年，联邦共和国同意因纳粹犯下的罪行而向以色列赔偿 30 亿德国马克，向"犹太人索赔会议"赔偿 4.5 亿德国马克，两笔款项均分期赔付；而对纳粹政权受害者的个人赔偿——对仍在德国或返回德国生活者的赔偿，以及归还曾被没收或被迫出售的财产等事宜，则进展缓慢或毫无动静。对于苏联或东方阵营的牺牲者的赔偿要求曾试图制定规范，但由于冷战的大背景而不了了之，事实上也被推迟到了统一之后。

联邦德国逐渐将自己视为主权国家，公开投入西方阵营，并通过加入一些国际组织表明其外交导向，这些组织能够从源头上避免西欧国家间可能出现的经济冲突。1952年联邦德国成为欧洲煤钢共同体成员，该组织致力于共同管理法国、意大利、比利时、荷兰和卢森堡的矿冶工业。1957年，欧洲经济共同体成立。对于西欧和北大西洋的安全政策而言，尽管联邦德国军事潜力依然受到限制，但它仍是一个重要伙伴。1954年，联邦德国加入作为区域性防御共同体的西欧联盟；1955年，加入北大西洋公约组织，并重新实行普遍义务兵役制。由此，德、法两国由一开始令人难以想象的和解，渐渐发展为越来越密切的关系，此后除了经济合作外，还广泛开展文化教育和政治合作。

经济政策方面，德意志联邦共和国遵循"社会市场经济"政策，即原则上实行自由资本主义经济秩序，同时对可能出现的不平衡加以弥补，手段包括建立全面的社会保障体系、员工参与企业管理，以及国家的调节干预。1948年6月，一场成功的货币改革为经济奠定了首要基础，其根据合同类型、个人和机构有区别地将由于战争通货膨胀而贬值的原国家马克（Reichsmark）折算为新的德国马克（Deutsche Mark），并与美元保持3.33:1的固定汇率，但后来由于马克升值进行了多次调整。这场货币改革与德国从马歇尔计划中获得的贷款一起，为迅速结束限量配给措施，以及实现西德经济腾飞奠定了基础。

西德经济主要集中在消费品生产和汽车等技术先进型商品的出口方面。随着对劳动力的需求迅速增长，自20世纪50年代起，通过控制性的短期个人居留许可引进"客籍劳工"（Gastarbeit）入境，最初主要由意大利引进，后来也从其他欧洲国家、北非以及土耳其引进。

从20世纪70年代初开始，石油危机使经济前景一片黯淡。这虽然没有导致经济增长中断，但使增速放缓。社会流动性依然保持较高，主要原因是高等教育的迅速扩张。然而，随着煤炭和钢铁工业的没落以及廉价生产地导致的竞争加剧，20世纪70年代和80年代，人们对很多问题展开更加热烈的讨论：关于"莱茵资本主义"可能出现的危机，关于社会保障体系的效率和成本，关于贫困的增长，关于工业经济方式的负面生态后果，以及关于经济结构变化的应对之策。其最明显的征兆就是煤炭开采和钢铁行业的逐渐衰落，由此产生了各州之间相对经济重心的转移。具体来说，由此前作为工业化核心地区的北莱茵—威斯特法伦州和萨尔州（1956年前被分区管理）转移到此前偏向于农业特征，但对新技术产业尤其是汽车制造行业的落户持开放态度的南部各州。一个并不引人注目的现象是，由于1973年停止招募"客籍劳工"，以及欧洲经济共同体扩展到西班牙和葡萄牙等国，联邦德国已转变成一个移民国家，但并未因此引发政治后果。

战后初期，人们并不清楚东德和西德谁会在未来成为更加成功的模式。在社会市场经济和社会主义制度在经济方面，谁更有效率，似乎还没有答案。世界经济危机表明资本主义更容易受系统性危机的影响，而 20 世纪 30 年代的苏联则迅速实现了现代化。就连"西方"明显的军事优势，在朝鲜战争（1950—1953）中也显得并不那么明显。

然而，后来，东西德之间的差距迅速扩大。1953 年 6 月 17 日，东德的一场抗议运动显示出民众中不断扩散的不满情绪，原因包括政治集权化、劳动强度增加、消费机会相对较低。这场运动最终遭到军事镇压。由于东德无法成功阻止居民外逃，瓦尔特·乌布利希（1893—1973）政府于 1961 年 8 月开始，在东西柏林之间以及围绕西柏林修建隔离墙，并进一步扩建边境防御设施。此外，还通过国家安全部及其招募的非正式人员逐渐强化对民众的内部监控。

相比之下，尽管某些时段需要对共产主义渗透保持高度关注，但西德的内部合法性几乎从未遭遇反对。联邦德国成立后，"融入西方"的路线曾立即引发争议，因为它放弃了德国政治统一的前景。1950 年，"被驱逐者和被剥夺公民权者同盟"[1] 作

---

1. 由战后被东欧国家驱逐出境以及被其剥夺权利的德国人组成——译者注。

为政党而成立，其主要在石勒苏益格—荷尔施泰因州取得较大成功，他们要求改善在西德生活的被驱逐者的经济状况，以及收复失去的原东部领土。但 1961 年其主要成员转而加入基督教民主联盟，该组织失去影响力。

从 20 世纪 60 年代中期开始，西德的左翼群体和大学中产生了对越来越明显的独裁路线的质疑，由此形成了对阿登纳时代的保守气氛的文化批判，并对西德很多政策和现象产生根本质疑，包括西德加入"帝国主义"体系，国家部门和一些关键职位由很多前纳粹成员甚至知名纳粹成员任职，以及 1963 年讨论的紧急状态法的意图。此外，右翼极端主义政党国家民主党在 1966 年至 1968 年之间进入了一些州议会。由于当时的法定投票年龄仍是 21 岁，以及在他们看来僵化的政党结构，部分学生运动将自己视为议会外的反对派角色，他们希望通过游行示威、散发传单以及各种抗议行动来获得影响力。一些学生运动的成员决定，尝试以暴力手段改变联邦共和国的政治和经济秩序，尤其是"红军派"。他们从 20 世纪 70 年开始到 1998 年解散经历了几"代"传承，曾多次实施暗杀行动，并逐渐与巴勒斯坦的恐怖组织和东德国家安全部建立起联系。但是，他们的行动没能从本质上威胁政治稳定，就像使用暴力手段的右翼极端分子一样，后者也曾实施过分散的恐怖袭击。

20 世纪 60 年代"觉醒"的主要政治后果是，1969 年首次选举出没有基督教民主联盟参与的联邦政府。由社会民主党和自由民主党组成的社会自由主义联合政府在维利·勃兰特（1913—1992）带领下开始了一系列内政改革，包括同性恋合法化，婚姻和家庭权利中实质性的男女平等，以及将法定选举年龄降低至 18 岁。1974 年，赫尔穆特·施密特（1918—2015）接替勃兰特的总理之位，由于支持美国的军备政策，以及部分民众对本质上以工业为导向的经济政策所产生的环境后果的质疑不断增加，环境主义、和平主义、女权主义和其他批评力量凝聚起来，形成了新的"绿党"。

　　在对东德以及对东欧的关系中，社会自由主义联合政府的政策是"以和解求变化"以及政治关系正常化，这为 1973 年两个德国同时加入联合国奠定了基础。作为回应，东德发布了有限的旅行便利政策。20 世纪 80 年代，两个德国间的关系出现前所未有的放松状态，甚至西德可以向东德提供贷款。两德分裂的局面似乎像是要长期存在。

[九]

德意志联邦共和国

然而，改变来得突然而又出人意料。1989 年的东德，种种危机相互交织。美苏之间的军备竞赛以及苏联在阿富汗战争中的失利，使社会主义经济体系日益不堪重负。由于苏联削减对盟友的援助，东德通过以信贷支撑的社会福利基金来弥补生产力赤字的计划面临更大压力。随着苏联于 1986 年通过"格拉斯诺斯特"[1] 开放不同政见，东德在抵御西德影响力方面的极力压制态度变得失去合法性，而反对派则被鼓励走上前台，并寻求一场政治体制改革。1989 年，东德地方选举中的公开舞弊行为，导致政府与越来越多的反对派团体之间发生对抗。人们游行示威的意愿增强，并在当年秋季达到顶峰。同时，东德阻止其公

---

1. Glasnost，戈尔巴乔夫推出的政治和言论开放政策——译者注。

民离境的能力面临周边国家开放边界的挑战。9月，匈牙利允许东德公民离境前往奥地利。在布拉格，那些希望离开东德的人聚集在西德使馆所在地，他们被允许乘坐火车分两批穿过东德国境进入西德，沿途还发生了声援示威。1989年11月9日，东德开放了通往西德的边境，并开始重塑政党体系，计划在此基础上于1990年3月举行自由选举，以选出多元化的人民议院。

由于种种原因，东西德统一的可能性迅速显现，这不仅仅是因为东德民众外流一发不可收拾，更是因为从西德角度来讲，东德公民同样属于拥有全部权利的德意志公民。在东德民众看来，引进西德马克和实行西德经济模式是个极具吸引力的选项。东德的反对派团体决定进行和平革命并提出另一套方案，试图将东德引向西方资本主义与此时信誉扫地的苏联共产主义之间的第三条道路，但该方案在投票中仅获得不到3%的支持率。

在东德政治转变进程发生的同时，四大战胜国与东西德之间开展了对话，确定了可能发生的两德统一的框架条件。苏联同意放弃在东德的军事存在，同意统一后完整的德意志联邦共和国加入北大西洋公约组织。条件是德国接受1945年确定的东部边界，放弃常规核武器和生化武器，放弃其盟友在新联邦州[1]

---

1. 即原东德地区在统一后组建的州——译者注。

部署核武器。这并未完全消除欧洲社会内部对欧洲政治、经济和军事重心转移的担忧。但这种担忧在政治上可以通过欧洲的统一（此前已做努力，此时加速推进）来应对。联邦总理赫尔穆特·科尔（1930—2017）对此乐见其成。自 1990 年 7 月 1 日起，在东西德达成的货币联盟框架内，东德居民的存款、工资、租金、物价按照 3:1 至 1:1 的汇率折算成西德马克。1990 年 10 月 3 日，德意志民主共和国进入《基本法》的适用范围，两个德意志国家实现重新统一。1991 年，联邦议会以 18 票的多数票决定将统一后德国的首都从波恩迁至柏林。

统一带来的经济后果远比乐观的假设所预料的更为严峻。自 1990 年 3 月开始的国企私有化尝试收效甚微，尤其是大部分在东德有竞争力的企业，由于当年夏季的货币转换而失去了其在东部邻国的客户，其生产率与西部竞争对手相比过于有限。此外，所有权方面还存在不确定性。在"2+4"谈判中，虽然已经排除了对苏联军事管制时期的土地改革进行逆转的可能性，但这不包括东德政府执政时期的土地征用。由于采用了"先补偿后归还"的原则，导致长期的不确定性以及这些不动产的长期使用者与所有者之间产生冲突。前东德地区的基础设施建设，包括公路网、铁路网、电信网、房屋现代化以及对企业的支持，耗资共计约 6000 亿马克。此外用于社会保障的财务开支大大增加。

新联邦州的融入也并非一帆风顺。原东德社会主义统一党经过改革成为民主社会主义党，其在东部各联邦州获得了相当大的影响力。文化方面，西德地区虽然也面临世俗化趋势，但其文化整体上受大型教会的影响较大，而东德社会的教会成员比例则明显小得多。由于此时原东德地区采用了西德的政党制度，以及统一后将西德成长起来的政治家、大学教师、行政官员安排到新联邦州担任重要角色，从而给那里的民众带来一些负面印象，例如家长式作风以及无视东德的特殊历史。关于与原东德国家安全局合作的讨论也是如此。20 世纪 90 年代，大量移民由苏联地区迁居德国，其各不相同的移民经历和种族差异也对社会产生了较大影响。随着 20 世纪 90 年代德国东部发生经济危机，上述因素导致部分民众产生"东德情结"，他们怀念 1990 年之前虽然受到限制却按部就班的节奏。

统一后的 20 年内，这种内部时而亲近时而疏离的过程相互交织，对外则更加紧密地融合进欧洲共同体[1]的政治体系中。1992 年，随着《马斯特里赫特条约》的签订，前身为欧洲经济共同体的欧洲共同体诞生。欧共体大大扩展了政治领域的相互协

---

1. 简称"欧共体"——译者注。

调：除了共同的经济政策，还拥有共同的货币、共同的外交和安全政策、共同的对外边境管制（1990年《申根协定》），以及（与此直接相关的）协调性庇护政策（1990年《都柏林公约》）。

德国成为一个国际组织的一部分，该组织的政策基于政府间协商，但由于存在议会、法院和具有行政职能的委员会，因此具有国家性质并在地理上不断扩张，2004年增加了10个成员国，2007年又增加了2个。它还使成员国放弃了自己的货币：1998年，欧元以账面货币的形式出现，2002年成为现金货币[1]。

德意志联邦共和国使德国这个国家从欧洲秩序的破坏因素变成战后秩序的顶梁柱，这一秩序依靠的是国家权力从单个国家向欧盟的逐渐让渡，以及"四个自由"的协同作用，即人员、资本、服务、商品的自由流动。1990年后，联邦共和国多次在欧盟和国际框架内参与维护和平的军事行动，尽管有时较为犹豫不决。德国不谋求军事大国的地位。

与上述成就相对，联邦共和国的经济模式在20世纪90年代，比现在显得效率不高。2003年，联邦政府做出应对，在《2010议程》中公布了引发激烈争议的社会福利削减方案。尽管税收

---

1. 这里的"国际组织"指欧盟，原著在此处未点明——译者注。

负担和政府支出占国民生产总值的比例仍保持相对较高，并在之后继续增长。在 2007 年美国房地产贷款引发的全球金融危机中，联邦共和国相比其他国家表现得更具抵抗能力。在 2012 年以来的欧元区主权债务危机中，德国（和法国一样）迄今多次未能达到《马斯特里赫特条约》设定的货币政策标准。由于较低的失业率、相较其他欧元区国家较低的国债以及较高的政策意愿，尽管面临议会和公众对保留欧元和欧盟的质疑，德国仍抗住了巨大的金融风险，成为一根定海神针，但也因此成为批评的焦点，这些批评声主要针对货币联盟[1]的规则。

这反映出格哈德·施罗德(1944—)和安格拉·默克尔(1954—)领导下的联邦政府以及德国主要政党在欧洲一体化进程中的导向。而与德国相比，其他欧盟国家对此持更多怀疑态度。2004 年，由于法国和荷兰多数民众投票反对，制定欧盟"宪法"的尝试落空。尽管如此，2007 年的《里斯本条约》扩大了多数投票决定权，并赋予欧盟议会更强有力的角色，但没有使欧盟委员会成为一个对议会负责的政府角色。该条约还包含了关于退出欧盟的条款，但或许没有严肃考虑过该条款会被付诸实践。2017

---

1. 即欧元区——译者注。

年5月29日，英国基于该条约中的条款宣布退出欧盟，由此表明，国家公投虽不至于影响欧盟的存亡，但至少会在未来影响其规模，或许也会由此为德国带来新的转折。

[十]

关于本书

就本书所涉及的时间跨度而言，这本书的写作是一个全新的尝试。以"德国历史"为题的早期书籍，包括法学家格奥尔格·菲利普斯（George Phillips，1804—1872）和海因里希·泽普弗尔（Heinrich Zöpfl，1807—1877）的著作，它们分别写于 1832 年和 1834 年。自 19 世纪 80 年代起，关于德国历史的著作更是不断涌现。如今但凡稍具规模的图书馆都拥有数百本。而在这类书籍的创作中，无论过去还是现在，始终存在一种诱惑，即赋予其所叙述的历史某种目的。19 世纪末似乎是由先前的德国历史所确定，它为威廉帝国做好了准备，这个帝国既是德国历史的目的，也是其继续扩张之路上的一个阶段。从"一战"后到"二战"前，德国历史的使命之一是摆脱凡尔赛体系，其二则是克服或终结共和制度。而"第三帝国"时期的德国历史，则要将其向东西方扩张的欲望合法化。这些前瞻性的德国历史[1]的问题由此变得显而易见：它们的叙述主要是从所处的时代出发，它们的作用主要是形成身份认同以及为政治倾向寻求历史合法性——这两个目的都可以（部分地）以学术手段实现。但同时它们都不可能成为学术共识，因为其内容必然随着时间的推移和历史的转折——它们的叙述对象的变化——而发生变化。

这些历史著作中涉及两种方式的建构。首先，它们的对象经常改变。这不仅包括"德国"这个概念的地理范畴和内部政治状态，还包括每个时代对"德意志"历史的时间范畴的理解。根据各自的定义和不同的关注点，它可以开始于史前史、古代史，开始于帝国时代，开始于德意志民族国家的建立，或是其他重大事件。

其次，它们认为的历史决定因素会随着时间而改变，而历史证据并不总是以相同的方式证明它们。地缘政治学的解释反复强调德国地处欧洲的"中心位置"，但若如此，法国（位于奥地利和西班牙之间）、波兰（位于普鲁士、奥地利和俄罗斯

---

1. 这里并不是指现实发生的历史，而是指上述各个时期的历史著作，但原著未使用书名号或引号——译者注。

之间）和勃艮第（位于法国和德国之间）也都可以这样抱怨，如果简单强调时代的作用也是如此。而当前讨论中提到的观点，认为德国是欧洲经济权力中心，则是基于相对较新的局势而言：具备有效利用某些原材料的机会，以及欧洲和全球分工的特定布局。然而对于这些条件发生变化时可能产生何种情况，历史审视可以扩大视野，但无法提供答案。

战后，学术目光转向了德国历史。我们面临这样一个重要问题：德国历史的哪些特性、从何时起，导致了屠杀欧洲犹太人这样的文明毁灭之举？这个问题以"德国历史"为对象，因为那段历史与其过去相关，因此理论上可以从历史学中找到答案。然而无论过去还是现在，都有充分的理由针对这一问题给出非常不同的答案。因此在 20 世纪 80 年代的一些大部头德国历史著作中，开始半轻松半严肃地对德国现代历史的开端进行定位，并做出各种解释，其中包括：以拿破仑和俾斯麦为开端（Thomas Nipperdey），以一场彻底的革命的缺席为开端（Hans Ulrich Wehler），以帝国（Heinrich August Winkler）或勃兰登堡（Christopher Clark）为开端。长期性的决定因素包括：迟到的（中央集权制）国家和民族的建立；德国的地理位置；迅速但不完善的现代化的特殊经历；德国经济和军事潜力之间的关系以及其他欧洲地区的这一关系；独特的爱国热情和有限的民主观念——这一点在不同时期似乎都能看到，从中世纪开始，从近代早期开始，从 1800 年前后的"马鞍期"[1] 开始，或从帝国时代开始。

　　尽管上述问题依然没有失去其根本意义，但在过去数十年中，另一个学术问题的提出对其进行了补充。该问题旨在探讨，本书的解释性框架对于实证性结论究竟扮演着何种角色。因为德国历史可以作为单个地方的或者区域的历史，也可以作为欧洲的或者全球交织的历史来解读。这一问题的提出有两方面因素，一方面是对于历史视野狭窄化以及对民族历史的政治滥用的回应；另一方面，是对除政治结构和民族经济以外的其他历史关联更加深入的探究。这导致某些学者看待德国历史的角度发生变化，他们更加强调欧洲和全球与德国历史之间的关联——这一点也对这类著作的类型产生了影响。要在如此简短的书中把握这些视角实属不易，但或许其中偶尔有所体现。

---

1. 即从近代到现代的过渡期——译者注。

推荐文献

    无论在德国历史学还是其他非德国历史学中，德国历史都是一个经典主题，因此关于这一主题存在大量文献作品可供阅读。在《贝克知识》（*C. H. Beck Wissen*）丛书中，有对各时段历史详细的叙述。更全面、出版更早的书籍还有 Propyläen 出版社的《德国历史》（*Geschichte Deutschlands*）（柏林 1983—1995，内容截止 1945 年）以及 Siedler 出版社的《德国历史》（*Deutsche Geschichte*）（十三卷，柏林 1982—2000）。更适合学术用途的包括系列书籍《德国历史百科全书》（*Enzyklopädie deutscher Geschichte*）（慕尼黑，1988 年起，至今大约 100 卷），或者其第十版，由 Bruno Gebhardt 主编的共二十四卷《德国历史手册》（*Handbuch der deutschen Geschichte*）（最初两卷出版于斯图加特 1891/1892，第十版于斯图加特 2005—）。其更新速度较快。有关历史人物信息可参考网站"deutsche-biographie.de"。

关于德国领土的复杂历史，格哈德·科布勒斯（Gerhard Köbler）的《德意志国家历史百科词典，中世纪到现代的德意志领土》（*Historisches Lexikon der deutschen Länder. Die deutschen Territorien vom Mittelalter bis zur Gegenwart*）（慕尼黑 2007）一书可以提供绝佳的信息。有关各详细主题的最新文献可通过数据库"德国历史年度报告"（Jahresberichte für Deutsche Geschichte）查阅（http://www.jdg online.de/），该数据库即将并入巴伐利亚国家图书馆历史学专业信息服务系统（https://www.bsb muenchuen.de/ueberuns/pro-jekte/fachinformations-dientgechichtswissenschaft）。

索 引 [1]

Gf. = Graf, Kf. = Kurfürst, Kg. = König, Ks. = Kaiser. Fürstennamen ohne territorialen Zusatz bezeichnen römisch-deutsche Könige bzw. Kaiser.

---

1. 此索引为原版书中的内容，原样照录。

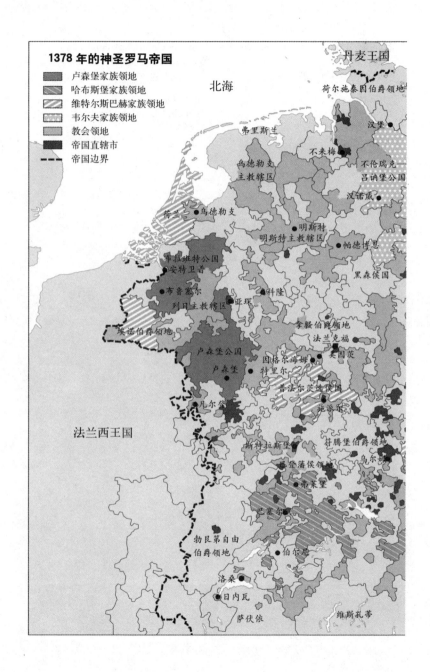

1378 年的神圣罗马帝国

卢森堡家族领地
哈布斯堡家族领地
维特尔斯巴赫家族领地
韦尔夫家族领地
教会领地
帝国直辖市
帝国边界

丹麦王国

北海

荷尔施泰因伯爵领地

汉堡

弗里斯兰

不来梅

不伦瑞克——
吕讷堡公国

乌德勒支
主教辖区

汉诺威

荷兰

乌德勒支

明斯特

明斯特主教辖区

帕德博恩

黑森侯国

布拉班特公国
安特卫普

布鲁塞尔

科隆

亚琛

列日主教辖区

埃诺伯爵领地

李骼伯爵领地

法兰克福

美因茨

卢森堡公国

卢森堡

因格尔海姆

特里尔

普法尔茨选侯国

施派尔

凡尔登

法兰西王国

斯特拉斯堡

符腾堡伯爵领地

乌尔姆

巴登藩侯领地

弗莱堡

巴塞尔

勃艮第自由
伯爵领地

伯尔尼

洛桑

日内瓦

萨伏依

维斯孔蒂

162

波罗的海

施特拉尔松

吕贝克

梅克伦堡

施滕达尔

马格德堡

安哈尔
特侯国

莱比锡

科堡

珀贝格
主教辖区

拜罗伊特

雷根斯堡

巴伐利亚

慕尼黑

因斯布鲁克

蒂罗尔伯爵领地

博尔扎诺

特伦托

波美拉尼亚—沃尔加斯特公国

勃兰登堡选侯国

柏林

科堡

萨克森
选侯国

迈森

迈森藩侯领地

布拉格

波希米亚国王

布杰约维采

帕绍

萨尔茨堡

萨尔茨堡
大主教辖区

阿奎莱亚主教区

阿奎莱亚

德意志骑士团领地

波兰王国

布雷斯劳

西里西亚诸公国

摩拉维亚藩侯领地

布尔诺

奥地利公国

维也纳

匈牙利王国

施蒂利亚公国

格拉茨

克恩顿

莱巴赫

克拉尼斯卡

0   50   100   150 km

163

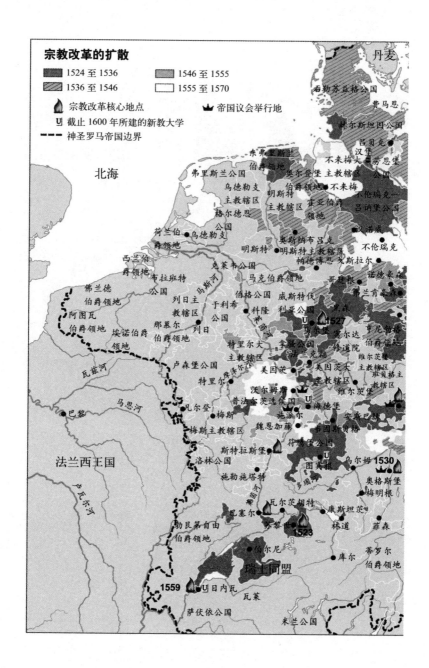

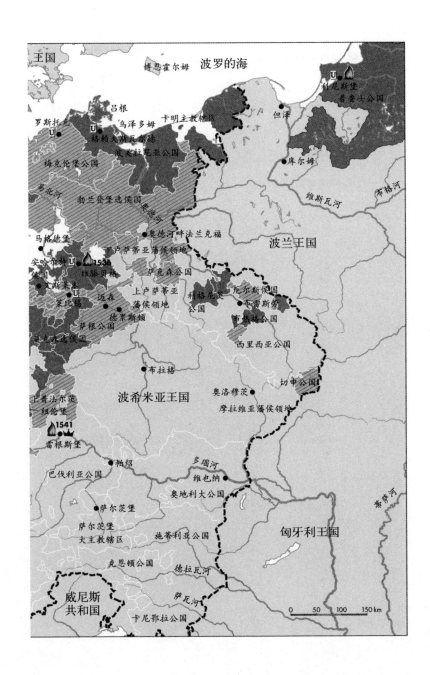

王国

博恩霍尔姆   波罗的海

吕根   科尼斯堡
罗斯托克   乌泽多姆   卡明主教辖区   普鲁士公国
        格赖夫斯瓦尔德   但泽
梅克伦堡公国   波美拉尼亚公国
                                        库尔姆
易北河   奥德河   维斯瓦河   布格河
        勃兰登堡选侯国
                                                波兰王国
马格德堡   奥德河畔法兰克福
安哈尔特   1536   下卢萨蒂亚藩侯领地
侯国 维滕贝格   萨克森公国
艾斯莱本   上卢萨蒂亚   利格尼茨   瓦尔斯侯茨
莱比锡   迈森   藩侯领地   公国   布雷斯劳
        德累斯顿   布热格公国
萨根公国
萨克森选侯国   西里西亚公国
                        布拉格   切申公国
        波希米亚王国   奥洛穆茨
上普法尔茨   摩拉维亚藩侯领地
纽伦堡
        1541
雷根斯堡
                                多瑙河
        帕绍
巴伐利亚公国   维也纳
                    奥地利大公国   匈牙利王国
        萨尔茨堡
    萨尔茨堡
    大主教辖区   施蒂利亚公国
                                            蒂萨河
    克恩顿公国
                德拉瓦河
                    萨瓦河
威尼斯
共和国
    卡尼鄂拉公国   0   50   100   150 km

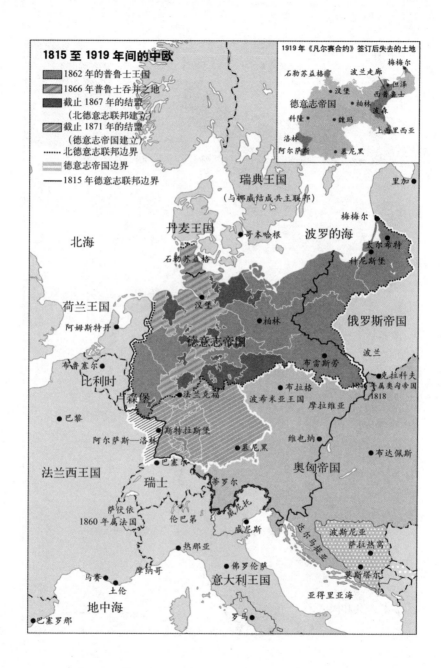

1815 至 1919 年间的中欧

- 1862 年的普鲁士王国
- 1866 年普鲁士吞并之地
- 截止 1867 年的结盟
  （北德意志联邦建立）
- 截止 1871 年的结盟
  （德意志帝国建立）
- ·········· 北德意志联邦边界
- 德意志帝国边界
- ——— 1815 年德意志联邦边界

1919 年《凡尔赛合约》签订后失去的土地

石勒苏益格　波兰走廊　梅梅尔
　　　　　　　　　　　但泽
德意志帝国　汉堡　西普鲁士
　　　柏林　波森
科隆　魏玛
　　　　　上西里西亚
洛林
阿尔萨斯　慕尼黑

瑞典王国
（与挪威结成共主联邦）

丹麦王国

北海

哥本哈根

石勒苏益格

波罗的海

里加

梅梅尔

太尔希特
科尼斯堡

荷兰王国

阿姆斯特丹

汉堡

柏林

俄罗斯帝国

德意志帝国

波兰

布鲁塞尔

比利时

卢森堡

法兰克福

布雷斯劳

布拉格

克拉科夫
1846 年属奥匈帝国
1818

巴黎

阿尔萨斯—洛林

斯特拉斯堡

波希米亚王国　摩拉维亚

维也纳

布达佩斯

巴塞尔

法兰西王国

瑞士

巴塞尔

蒂罗尔

慕尼黑

奥匈帝国

萨伏依

伦巴第

威尼托

1860 年属法国

威尼斯

达尔马提亚

波斯尼亚

萨拉热窝

热那亚

佛罗伦萨

马赛

摩纳哥

莫斯塔尔

土伦

意大利王国

亚得里亚海

地中海

巴塞罗那

罗马

德国，一个冬天的童话
——《德国大历史》出版后记

　　我因为喜欢古典音乐的关系，去欧洲的第一个落脚点是德国。我记得那是 2003 年，深夜车子在德国初秋的旷野里穿行，大大的月亮悬在天边，到达酒店时秋露打湿了路边的野花野草。第一次的第一个目的地竟然是巴赫的故乡——爱森纳赫。

　　从那以后，我去过德国多次，对它的历史和各个大小城镇也有了越来越多的了解，一直在琢磨这样一个山清水秀的国家何以成为两次世界大战的策源地，同时也一直在试图厘清它那纷杂凌乱的历史……

　　对德国人的第一次正式陈述可能是古罗马的历史学家塔西佗，他的《日耳曼尼亚志》可能是我们所能找到的关于日耳曼人的最早的文字叙述。创建神圣罗马帝国的查理曼大帝在亚琛建立的宫廷成为现代德国人追忆往昔荣光的圣迹——那个宁静小城中的宫殿历经千百年的沧桑，兀自伫立在德荷边境的怡人环境中。那一年，德国人马丁·路德开启的宗教改革运动让世人再次领略德国人的勇气和抗争。然后就是各个小公国之间纷乱的争斗与竞合，这其中最让人感叹的是德国人发明的自由城市同盟——"汉萨同盟"——在世界贸易及商业中的巨大影响力。铁血宰相俾斯麦终于在普鲁士邦国的基础上建成一个统一的德语民族国家，并在普法战争中一举击败了它的邻居——法国人，从此高调进入国际社会，一直到灾难性的第一次世界大战的到来，以及更加残酷的第二次世界大战……

在高度全球化的现代社会，我们很多人都得益于德国的高质量产品——看看马路上奔跑的德国汽车和餐馆里大杯的德国啤酒，以及超市中的德国厨房用品。对于听古典音乐的爱乐者来说，德国就更是一个躲不过的国家。我最后一次去德国是在疫情前的 2019 年夏季，落脚的慕尼黑一片萧条，那总体上的感受已大不如从前。联想到 2015 年的斯图加特之行，大街上臭哄哄的气味让人很难消受，垃圾也到处都是——让人很难相信这就是那个窗明几净、一切都井井有条的德国……只有啤酒的味道没有变化……

德国是欧洲和世界的一个重要国家，但它的历史却不是很容易捋清楚的。这本小书的作者是美因河畔法兰克福大学的现代史教授，他为我们勾画了德国从史前时代一直到两德统一的关键节点事件及其因果缘起。本书是我们了解德国大历史的入门性读物，希望它成为爱好德国史的读者所喜爱的一个简便易读的总览性、提要式读本，以因应时下宏观大历史的读书热潮。

最后，祝愿现在及将来的德国能为世界和人类未来提供更多的

正能量……

本书策划人　申明

2021 年 4 月 21 日